Julius Otto Opel

Wahl des Erzherzogs Leopold Wilhelm zum Bischof von

Halberstadt

Julius Otto Opel

Wahl des Erzherzogs Leopold Wilhelm zum Bischof von Halberstadt

ISBN/EAN: 9783743694279

Hergestellt in Europa, USA, Kanada, Australien, Japan

Cover: Foto ©ninafisch / pixelio.de

Weitere Bücher finden Sie auf **www.hansebooks.com**

Die

Wahl des Erzherzogs Leopold Wilhelm

zum Bischof von Halberstadt

durch

lutherische und katholische Domherren

im Jahre 1628.

Von

Julius Otto Opel.

Sonderabdruck aus dem 18. Bande der „Neuen Mitteilungen
des Thür.-Sächs. Geschichts- und Altertumsvereins."

Halle (Saale).

In Commission bei E. Anton.

1891.

1. Wachsende Verbitterung zwischen dem Domkapitel und der Stadt nach der Einlagerung der Wallensteiner.*)

Die Besetzung der Stadt Halberstadt durch die Wallensteiner hatte von Anfang an das Verhältnis der Bürgerschaft zu dem Domkapitel zu einem sehr gespannten gemacht, da die erstere in ihrem Unwillen die Domherren für die Einlagerung verantwortlich erklärte. Scheint doch die Bürgerschaft anfangs Miene gemacht zu haben, die Stadt zu verteidigen. Nach der Einquartierung der ersten drei Fähnlein war die Aufregung so sehr gestiegen, dass man das Wort hörte, die Weiber könnten die geringe Anzahl der Mannschaften mit den Pantoffeln totschlagen. · Diese leidenschaft-

*) Diesem Aufsatze liegt ein im Thüringisch-Sächsischen Geschichts- und Altertumsverein gehaltener Vortrag zu Grunde, welcher in einer Umarbeitung im Osterprogramm des städtischen Gymnasiums zu Halle von 1891 erscheinen sollte. Da indessen der Druck auf unerwartete Hindernisse stiess, wurde die Programmabhandlung erweitert. Die Tagesangaben sind, wo nichts anders bemerkt ist, als Tage des neuen Kalenders aufzufassen. Die ausgiebige Benutzung der Protokolle der Kapitelssitzungen im Königl. Staatsarchiv zu Magdeburg verdanke ich der Liberalität des Königl. Staatsarchivars Herrn Geh. Archivrats v. Mülverstedt in Magdeburg und der Güte des Königl. Oberbibliothekars Herrn Geh. Regierungsrats Dr. Hartwig in Halle. S. Excellenz Herr Ritter A. v. Arneth in Wien hatte die Gewogenheit, mir ein Nebenprotokoll über die Vorgänge auf dem kurfürstlichen Kollegialtage zu Mühlhausen 1627 zur Verfügung zu stellen, aus welchem eine nicht unwichtige Mitteilung aufgenommen wurde. Auch für diese Förderung meiner Studien bin ich dem hochverehrten Leiter des K. K. Haus-, Hof- und Staatsarchivs zu gehorsamstem Dank verpflichtet.

liche Volksstimmung trug aber nach der Versicherung der
Domherren gerade zur Verstärkung der Truppen bei. Als
eine Anzahl Domherren die Stadt verlassen wollten, um sich
auf ihre Stiftshöfe zu begeben oder überhaupt aus dem Stift
zurückzuziehen, wurden die in der Stadt gebliebenen Bürger
noch unruhiger und drohten die Herren mit Gewalt zurück-
zuhalten. Während die letzteren jedem gestatteten, seine
Habseligkeiten in Sicherheit zu bringen, wohin er wollte,
glaubten die Bürger verpflichtet zu sein, die Domherren gewissermassen als Bürgen für ihre eigene Sicherheit zurück-
zuhalten.

Nun waren freilich die Folgen der Einquartierung für
die Stadt schon von Anfang an tief beklagenswert. Wenige
Wochen nach dem Einzuge der Truppen standen in der eigent-
lichen Stadt 283 Häuser leer. In dem der Ratsverwaltung
unterstehenden Teile des Stadtgebietes waren im Januar 1626
132 Häuser verwüstet, 121 ledig und verlassen, in Westendorf, der Vogtei und der Freiheit 65 beraubt und 39 leer.
Die Stadt hatte schon in den ersten Wochen 12 Komp. z. F.
samt zwei hohen Stäben, die Vogtei und Westendorf 8 Komp.
z. R. und 1 Fähnlein zu erhalten. Im November 1625 lagen
einmal 13 Komp. Pferde auf der Vogtei, manche Bürger hatten
30—40 Pferde, der Bürgermeister Robein 26 mit Unterhalt
zu versehen.[1])

Die Domherrn scheinen eine Zeit lang ihre Zurückhaltung
gegen die kaiserlichen Offiziere mit der rebellischen Stimmung
der Bürgerschaft entschuldigt zu haben. Nach wenigen Wochen
zog sich jedoch eine Anzahl derselben nach Quedlinburg
zurück, wohin auch viele Bürger ihre Zuflucht genommen
hatten.

Bald erhob sich zwischen dem Rat und dem Kapitel ein
Streit über eine so erhebliche Steigerung des Bier- und Broi-
haupreises, dass die Soldaten ihren Trunk nicht mehr bezahlen
konnten und betteln gingen; in Westendorf untersagte das

---

[1] Vgl. Opel, Wallenstein im Stift Halberstadt 1625—1626. S. 13 ff. S. 35 ff. Dazu
Domkap. zu Halberst. 511.

Kapitel die Erhöhung geradezu, machte aber dem Rate das Recht auch für die Stadt streitig.

Noch ernster nahm das Kapitel einen andern Übergriff, welchen sich der Rat in dieser gänzlich aus den Fugen gegangenen Zeit gestattet hatte: er hatte Schuhmachern von der Vogtei, welche auf dem städtischen Markte feil gehalten hatten, ihre Waren nach mehreren Verboten endlich weggenommen. Bei hoher Strafe befahl das Kapitel dem Rate die Waren zurückzugeben.[1])

Eine andere Streitfrage erhob sich, als der Rat die Bürger nach freiem Ermessen mit Steuern belegte, um die zur Deckung der Einquartierungskosten erforderlichen Summen herbeizuschaffen. Das Domkapitel betrachtete diese Belastung der Bürger ohne seine Zustimmung als eine sehr erhebliche Neuerung. Ferner stellten die Domherren die Forderung, dass die Bestätigung der Ratswahlen bei ihnen nach alter Weise nachgesucht werden, und dass der Rat am Tage der unschuldigen Kindlein wie vor Alters in der Burg pladdieren sollte. Auch in der Fortübung dieses alten Brauches sah das Kapitel ein Zeichen der Unterordnung und des Gehorsams und benannte ihn deshalb mit den Worten „Parieren und Paritio". Noch tiefer fühlte sich besonders der evangelische Teil des Kapitels durch die Neuerungen auf kirchlichem Gebiete und durch die Zeichen der Missachtung berührt, welche sie noch immer von den städtischen Predigern zu erleiden hatten. Auf den Kanzeln der Stadt wurde für das Domkapitel nicht in der Weise „honorifice" gebetet, wie es im Dom für den Rat geschah. Die Domherren wünschten, dass die Feste in den Stadtkirchen nach denen im Dom eingerichtet würden, und forderten, „dass alle Prüfungen und Ordinationen von Geistlichen im Dom stattfinden und die Stadtprediger mit dabei erscheinen" sollten. Unter den Stadtpredigern war aber den evangelischen Domherren keiner anstössiger, als der unerschrockene Dr. Tobias Herold, dem sie unter anderem vorwarfen, dass er sich als erster Prediger an

---

1) Domkapitel zu Halberstadt 511. Febr. 1627.

der Martinikirche die Stellung eines Superintendenten an-
masse. In der zweiten Hälfte des Jahres 1627 nötigte das
Domkapitel, wie weiter unten ausführlicher dargelegt werden
wird, den Rat durch Gewaltmassregeln dazu, Herold seine
Entlassung zu geben.

In einer Kapitelssitzung vom 17. Dezember 1627[1]), zu welcher Mitglieder des Rats und eine ziemliche Anzahl von Ver-
tretern der Bürgerschaft vorgefordert wurden, drängten die
Domherren die anwesenden städtischen Behörden energisch
zur Unterwerfung, zu welcher sich die letzteren auch geneigt
zeigten. Indessen sind diese Streitigkeiten, auch nachdem
sich der Rat in die Entfernung Herolds gefügt hatte, doch
nicht gänzlich geschlichtet worden, und das Verhältnis zwischen
dem evangelischen Teile der Stadtbevölkerung und den
lutherischen Domherren blieb bis zur Entsetzung der letzteren
ein sehr kühles. Je weniger das Domkapitel imstande war,
seine Stimme im betreff der höheren Landesverwaltung zur
Geltung zu bringen und das Schicksal des ganzen Stifts nach
freiem Ermessen zu bestimmen, um so eifersüchtiger suchte
es seine Autorität im Kleinen zu wahren.

2. Die Erstarkung des Katholizismus unter den Kriegsdrangsalen von 1625—1627.

Das Stift Halberstadt war im Jahre 1627 nicht eigentlich
Kriegsschauplatz, obwol die ganze Landschaft von den
Wallensteinern besetzt gehalten wurde. Nur die Bewegung
der Harzbauern griff auch in das Halberstädtische herüber,
und Tilly's um Wolfenbüttel und Braunschweig liegende
Scharen machten dann und wann feindselige Einfälle in die
von den kaiserlichen Truppen besetzte Landschaft. Zwei solche
Plünderungszüge hatte die Dorfschaft Hornhausen bis zum Juli
dieses Jahres auszuhalten. In dem letzten war Jordan von
Bornstedt bis auf das Hemd ausgezogen, Frauen und Mädchen
geschändet, der Krüger erschossen und das Dorf gründlich
ausgeraubt worden. Der Schade in Geldwert wurde auf

---

1) Domkapitel zu Halberstadt 512.

9 524 Thlr. berechnet. Ähnlichen Einfällen war auch Schlanstedt ausgesetzt.

Die Stadt Halberstadt hatte in diesem Sommer eine Besatzung von fünf und zeitweise sechs Kompagnien, welche unter dem Oberstlieutnant David Becker (Peckherr) von der Ehr standen, dem damals die Stellung eines militärischen Gouverneurs über die beiden Stifter Magdeburg und Halberstadt anvertraut war. Von dem Domkapitel war das dornenvolle Geschäft der Verteilung und Unterbringung der Soldaten dem Rate übertragen worden, der es selbstverständlich keiner Partei recht machen konnte. Einstmals stürmte eine ganze Kompagnie das Haus des Bürgermeisters Heyne und forderte Quartier und Unterhalt. Der letztere war für Kopf und Tag auf zwei Pfund Fleisch samt Brot und Bier festgesetzt und in Geld auf 5 Gr. berechnet. Ausserdem wurde noch eine Kriegssteuer erhoben und weit über das unmittelbare Bedürfnis hinausgehende Getreidelieferungen ausgeschrieben: die letzte derselben betrug über 4000 Wispel. Die wöchentliche Kriegssteuer wäre für die Stadt selbst wol noch erträglich gewesen, wenn die Zahl der anwesenden Bürger, welchen man sie auferlegen konnte, sich nicht von Monat zu Monat verringert hätte: um die Pfingstzeit 1626 herum waren nur 238 Bürger als anwesend gezählt worden. Drückende Not herschte besonders unter den Einwohnern der Vogtei, welche erklärten, über 200 Thaler könnten sie wöchentlich nicht aufbringen, da die Häuser zerstört und die Bürger verlaufen wären. In der ersten Maiwoche 1627 n. St. traten an einem einzigen Tage 19 Männer aus der Vogtei aus und suchten das Weite, und die zurückgebliebenen mussten die Lasten der ausgetretenen auf sich nehmen.

Die Klagen der Bürger über die Verteilung der Quartiere bei der Oberbehörde, den Domherrn, trugen nur dazu bei, das stets gespannte Verhältnis des Kapitels zum Rate zu einem für das erstere immer unerträglicheren zu machen. Da wurde den Bürgermeistern von dem Kapitel der Vorwurf entgegengeschleudert: sie sollten beim Kapitel umtreten, dann würde alles besser gehen; sie wären bei hohen Offizieren gewesen

und hätten grobe, eidvergessene Worte gegen das Kapitel aus-
gegossen."

Im Mai 1627 glaubte der Rat den Verlust der Stadt seit
dem Beginn der Einlagerung auf 9 Tonnen Geldes schätzen
zu müssen. Auf einem grossen stiftischen Ausschusstage
wurden die hauptsächlichsten Beschwerden einer Erörterung
unterzogen, und man kam überein, die gänzliche Befreiung
des Stifts von der Einlagerung, da kein Feind mehr vorhanden
war, nachzusuchen. Auf jeden Fall wollte man die Zahlung
der Kriegssteuer und die Getreidelieferungen abgestellt wissen.
Der Dechant sprach sich über die Habsucht Beckers, der im
Amt Oschersleben einen Zoll für alle durchgehenden Wagen
und Personen errichtet hatte und auch an den Thoren von
Halberstadt Eingangszölle erhob, sehr erregt aus und schlug
vor, Aldringer, an den sich auch die Stadt gewendet hatte,
um Linderung aller Beschwerden anzugehen. Man machte
Becker noch andere ganz ungerechtfertigte Eingriffe in die
bürgerliche Verwaltung zum Vorwurfe. Selbst die Kosten für
die Hinrichtung zahlreicher gefangener Harzbauern, welche
Becker im Laufe dieses Sommers in Halberstadt hatte voll-
strecken lassen, wollte die Militärbehörde dem Domkapitel
aufhalsen. Für den Nachrichter wurden 122 Thaler ge-
fordert.[1]) Trotz dieser Bedrückungen unterliessen die Erbherren freilich nicht, den Offizieren gelegentlich kleine persönliche Gefälligkeiten zu erweisen. Als Beckers Hofmeister
Anton Scherwenzel denselben eine Einladung zu seiner Hochzeit
zugehen liess, wurde er mit einem goldnen Pokale, den man
aus Magdeburg besorgt hatte, bedacht. —

Die Befürchtung der protestantischen Partei des Domkapitels zu Halberstadt, dass man unter allen ehemals katholischen Bistümern gerade Halberstadt ausgewählt habe, um
den alten Glauben hier zuerst wider einzuführen, schien
Jahre lang nicht in Erfüllung zu gehen. Unter den protestantischen Nachfolgern des katholischen Domdechanten Matthias
v. Oppen wurden die katholischen Bewerber um Pfründen am

---

1) Die Angelegenheit kam in einer Sitzung des Kapitels vom 2. September 1627 zur
Sprache.

Hochstift noch immer zurückgewiesen, und als man sie endlich als Kanoniker annahm, überwies man ihnen nur diejenigen Einkünfte, auf welche sie als nicht auf ihren Pfründen anwesende oder residierende Anspruch machen konnten. Sitz und Stimme im Kapitel und der Sitz im Chor wurde ihnen dagegen beharrlich verweigert.

Ja, das Domkapitel rechtfertigte dieses Verfahren sogar dem Kaiser gegenüber, versprach aber auch zugleich den Bewerbern Sitz und Stimme zu gewähren und sie als Domherren aufzunehmen, sowie sie sich dazu fähig gemacht und den 1613 eingeführten Religionseid geleistet haben würden, an welchem man bis gegen das Ende des Jahres 1625 festhielt. Damals schilderte man dem Kaiser zugleich die Nachteile, welche die Wiedereinführung des katholischen Bekenntnisses nicht nur im Stifte, sondern im ganzen protestantischen Norddeutschland hervorrufen würde, nachdem sich die öffentliche Wolfahrt seit der Reformation des Stifts im Jahre 1591 im Bistum Halberstadt sichtlich gehoben hatte.[1]

Um diese Zeit harrten also Wambold v. Umstadt, der spätere Kurfürst von Mainz, und Raban Westphal ihrer Einführung in das Kapitel noch immer vergebens. Aber auch gegen zwei spätere Bewerber, den bekannten Johann Reinhard v. Metternich, den Rat des Kurfürsten von Mainz,[2] und Hermann v. Mandelslohe erwies sich das Domkapitel nicht freundlicher.

Diese Hartnäckigkeit musste in Wien um so grössere Unzufriedenheit erregen, als der Kaiser noch am 14. Juni 1624 unter einer besonderen Strafandrohung den Befehl an das Kapitel erlassen hatte, Wambold der päpstlichen Verleihung gemäss innerhalb zweier Monate die dem Prinzen Friedrich von Dänemark von den protestantischen Domherren übertragene Propstei auszuliefern.[3] Auch diesem Befehle fügte sich das

---

1) Das Domkapitel an den Kaiser, Halberstadt 20. Nov. 1624.

2) Im Jahre 1627 wird er bezeichnet als Geheimer Rat und Hofratspräsident, Domsänger zu Mainz, Domkapitular zu Bamberg, Münster und Halberstadt, Propst zu Frankfurt und Heiligenstadt.

3) Näheres über diese Vorgänge bei Opel, Die Resignation des Herzogs Christian von Braunschweig (mit den Urkunden) in den Neuen Mitteilungen aus dem Gebiet histor. antiquar. Forschungen Bd. XIII, S. 1—100. Dazu Opel, Der niedersächsisch-dänische Krieg. II, S. 19 f. 55.

Domkapitel nicht, sondern wählte sogar nach wenigen Monaten denselben dänischen Prinzen zum Koadjutor des am 24. April 1624 a. St. erkorenen Bischofs Christian Wilhelm, Markgrafen von Brandenburg. Dieser neu erwählte Bischof suchte durch seinen Agenten Gregorius Zahn bei dem Kaiser um Belehnung oder Indult nach, und das Domkapitel sendete in Jakobus Stajus einen besonderen Botschafter nach Wien, der neue feindselige Massnahmen des Kaisers gegen die beiden Stifter hintertreiben oder wenigstens darauf hinwirken sollte, dass man den Verhältnissen eine Zeit lang ihren ruhigen Verlauf gönnte. Denn der Administrator hegte damals noch die Hoffnung, dass sich unterdessen der König von Dänemark und die protestantischen Fürsten des Reichs seiner am kaiserlichen Hofe wol annehmen würden. Allein noch vor Ablauf des Jahres 1624 gebot Ferdinand II. dem Kapitel, vier namentlich genannte Personen als Bewerber um stiftische Stellen anzunehmen und legte noch besonders Fürsprache für einen Vikar ein, dem man sein Einkommen gesperrt hatte.

Selbst die sehr erheblichen Einwendungen gegen Henning Soethoff, welcher Dechant der Kirche S. Bonifacii werden wollte, machten den bereits im Jahre 1614 für dieses Stift Auserkorenen nicht unwürdiger. Das Kapitel warf ihm vor, dass er als Hauslehrer in einem Jahre zwei Mägde geschwängert und das Kind der einen in ein Frauenkloster zu Halberstadt gebracht habe; in seinem Hause zu Halberstadt unterhielt er eine verdächtige Frauensperson. Sein unsauberes Treiben im Kloster zu Althaldensleben mit der Domina und einer anderen Klosterfrau war in der ganzen Nachbarschaft ruchbar geworden. Und als sich seine Schwester sein Beispiel zum Muster nahm, misshandelte er diese so hart, dass sie in wenigen Tagen starb. Nur sein geistlicher Charakter hatte ihn damals vor gerichtlicher Verfolgung geschützt. Darauf wurde er jedoch weltlich, ohne natürlich seinen Wandel zu bessern. Das Domkapitel beschuldigte ihn, dass er Gelder von Unmündigen veruntreut habe. Gegen den Schluss des Jahres 1624 hielt sich Soethoff in Wien auf; die ihm vom Kaiser verliehene Stelle am Bonifaciusstifte hat er im Juni 1626 wirklich erhalten und eine Abfindungssumme für die ihm in der Zwischenzeit entgangenen Einkünfte dazu.

Als Helfershelfer in diesen Bestrebungen, das augsburgische Bekenntnis in den Stiftern womöglich zu vernichten, hat man in Halberstadt eine Zeit lang den Dechanten des Stiftes St. Pauli, der zugleich Sekretär in der Verwaltung des Hochstifts war, Laurentius Buhl (Buel, Buell), betrachtet. Man entfernte ihn deshalb in den ersten Monaten des Jahres 1625 aus seinen Stellungen, sodass er sich genötigt sah, das Stift zu verlassen. Buhl begab sich darauf nach Wien, wo man ihn als Ratgeber in diesen stiftischen Angelegenheiten herangezogen haben wird.

Später bediente sich das Domkapitel jedoch seiner Fürsprache bei den hohen kaiserlichen Beamten wider und suchte durch ihn dem Stifte Erleichterungen von seinen zahlreichen Beschwerden zu verschaffen.

In seiner Ratlosigkeit rief Christian Wilhelm auch die Vermittelung des Kurfürsten von Sachsen an und bat ihn, die Vorstellungen seines Vertreters in Wien durch eine besondere Gesandtschaft zu unterstützen. Allein Johann Georg lehnte dies Ansinnen unter einer sehr eigentümlichen Begründung ab. Seiner Antwort zufolge waren schon seine Vorfahren darauf bedacht gewesen, sich den Beschwerden der evangelischen Stände gegenüber die Hände frei zu halten, damit Kursachsen, wenn diese Beschwerden an das kurfürstliche Kollegium gebracht werden würden, Richterstelle vertreten, ein freies Votum haben und den Evangelischen zum Besten handeln könnte![1])

Nach Verlauf weniger Monate richtete derselbe Administrator Christian Wilhelm sogar noch ein Bittgesuch an den Kaiser selbst und bat, die Entscheidung über die Angelegenheit der katholischen Bewerber um stiftische Stellen auf einige Monate hinauszuschieben.

Schon die Parteinahme des Markgrafen für den König von Dänemark musste indessen den Kaiser davon zurückhalten, in diesen stiftischen Angelegenheiten überhaupt

---

1) Schreiben des Kurfürsten von Sachsen an Christian Wilhelm vom 31. Jan. 1625

während der Jahre 1625 und 1626 eine Entscheidung zu treffen. Man begnügte sich in Wien mit den thatsächlichen Wirkungen, welche das Vordringen der kaiserlichen Waffen bis zur Elbe begleiteten. Nach dem Einzuge Wallensteins in die beiden niedersächsischen Stifter, deren Landesherr, der brandenburgische Markgraf, sich dem Heere Christians IV. angeschlossen hatte, waren die Bistümer herrenlos geworden. Die Regierungsgewalt aber war wie sonst bei der Erledigung eines Bistums ganz in die Hände der Domherren übergegangen. Das Domkapitel von Halberstadt gedachte daher in seinen Erlassen ausdrücklich der Sedisvakanz.

Nach dieser völlig veränderten Sachlage bemächtigte sich der Domherren allerdings die Empfindung, dass man den katholischen Bewerbern um Stellen an den Stiftern und besonders am Hochstift auf die Dauer schwerlich werde Widerstand leisten können. Ein protestantisches Mitglied des Kapitels, Johann Georg Vitzthum von Eckstädt auf Cannawurf, stellte seinem Landesherrn, dem Kurfürsten von Sachsen, vor, dass allmählich das ganze Domkapitel wider katholisch werden würde, was doch auch Kursachsen nicht gleichgiltig sein könnte: der Domherr hegte noch die Hoffnung, Johann Georg werde die Rolle eines Vermittlers übernehmen. Allein der Kurfürst wies überhaupt den Gedanken einer Einmischung unter allerlei Vorwänden von sich. Er erwiderte, dass ja selbst der Herzog Heinrich Julius als Bischof von Halberstadt den Eid der protestantischen Domherrn drei Mal für ungiltig erklärt habe, beschuldigte das Domkapitel der Saumseligkeit in der ganzen Angelegenheit und fürchtete durch sein Eintreten für den bedrängten Protestantismus die Exekution gegen das Stift eher zu befördern als zu hindern. Ja der lutherische Kurfürst erteilte sogar dem besorgten Domherrn den Rat, die katholischen Bewerber möglichst zufrieden zu stellen, um ihnen den Anlass zu entziehen, ein noch entschiedneres Verfahren am kaiserlichen Hofe in Anregung zu bringen. Auf dem nach Nürnberg berufenen Deputationstage wollte er jedoch mit dem Kurfürsten von Mainz über die ganze Angelegenheit ratschlagen. Indessen bald stellte es sich heraus, dass dieser Tag gar nicht abgehalten werden konnte.

Der erste katholische Bewerber um eine Stelle im Kapitel des Hochstifts, dessen Gesuch die Domherren nicht mehr zurückwiesen, war Hermann Christof v. Mandelslohe, der im Januar 1626 angenommen wurde und den Schwur leistete, aber erst später eintrat. Die Mehrzahl der protestantischen Domherren befand sich damals gerade in Quedlinburg und sendete eine Willenserklärung ein, nach welcher die Beschlussfassung verschoben werden sollte. Allein der Dechant Spiegel erklärte eine Abweisung für sehr gefährlich und der Senior v. d. Schulenburg sprach geradezu für die Zulassung. Einer der beiden katholischen Herren v. Hünecke rief den beiden Protestanten zu: sie möchten sich vor Unglück hüten. Und darauf liess diese kleine Minderheit Mandelslohe den Eid leisten, der natürlich nicht der im Jahre 1613 eingeführte, sondern der frühere war. Dagegen hatte auch kurz vorher der aus Verden gebürtige Johann Georg v. Holle, welcher damals noch protestantisch war, am 27. Dec. 1625 Sitz und Stimme am Hochstift erhalten.

Grosse Bedrängnisse hatte das Stift besonders nach dem Aufbruche Wallensteins (August 1626) zu erdulden. Die Soldaten brachen in die wehrlosen Dorfschaften am hellen Tage wie in Feindes Land ein. Der Oberstlieutenant Oswald v. Bodendieck nahm aus den Ämtern Schneidlingen und Börnecke Wagen und Pferde mit; Mannschaften eines Hauptmannes Johann Pfuel in Osterwieck machten einen räuberischen Einfall in die Flur des Dorfes Badersleben. An einem Sonntagsmorgen (9. August) erschienen aus dem Feldlager bei Wernigerode Kroaten in dem Dorfe Heudeber, rissen dem Amtsschreiber Koch und andern, welche eben das Abendmahl in der Kirche feiern wollten, die Mäntel vom Leibe und die Hüte von den Köpfen, zogen einem andern die Schuhe von den Füssen, nahmen die Kelche vom Altar und zerschlugen alle Kisten und Kasten, die sie vorfanden. Dieselbe Rotte nahm auch Pferde mit und zwar sogar aus Mulmeke trotz der hier stehenden wallensteinischen Sicherheitsposten. Der Kapitainlieute-

nant des Obersten Coloredo liess alles Vieh von dem Vor-
werke Mahndorf wegtreiben. Im Anfange des August erschien der
Oberst und Generalkommissar Aldringer persönlich im Kapitel
und erhob auf Wallensteins Veranlassung die Forderung einer
grossen Getreidelieferung, von der niemand befreit sein sollte.
Zu diesem Behufe liess er ein Verzeichnis aller stiftischen
Ortschaften anfertigen. Die Forderung belief sich auf 5000
Wispel. Die Stadt Halberstadt hatte nicht nur ihre Besatzung
von 7 Fähnlein z. F. und 2 Cornet Reitern vollständig zu erhalten, sondern auch noch wöchentlich 500 Thaler aufzubringen.
Zu diesen Drangsalen durch die kaiserliche Armee kam noch
die Pest, welche in Stadt und Land zahlreiche Opfer forderte.
Ihr erlagen auch viele Landprediger. Um diese Zeit (7./17. Aug.)
erschien dem geplagten Domdechanten der Aufenthalt in Halberstadt so unsicher, dass er sich auf sein stiftisches Gut
Crottorf begab, wo er länger verweilte; und da auch mehrere
andere Domherren damals ihre Kurien in Halberstadt nicht
sehr wohnlich fanden, ruhte die Last der Geschäfte eine Zeit
lang fast ganz auf den Schultern des Seniors Johann Georg
v. d. Schulenburg.

In diesen drangvollen Tagen fassten endlich die anwesenden Domherren den in das Verhältnis der beiden Bekenntnisse zu einander tief einschneidenden Beschluss, den Religionseid aufzuheben. Zugleich machten sie auch dem Dechanten
zu St. Pauli Laurentius Buhl in Wien mit dem Ersuchen
davon Mitteilung, die Massregel an dem geeigneten Orte zur
Kenntnis zu bringen und gaben ihm den Auftrag, ihnen einen
kaiserlichen Schutzbrief auszuwirken, der nicht nur die Namen
der zur Zeit residierenden, sondern auch der voraussichtlich
am nächsten Thomastage neu eintretenden Domherren enthalten sollte. Wenn sich aber Wambold und Metternich wider
Beschwerde führend in Wien anmelden würden, so möchte
man sie von da an das Domkapitel verweisen.[1]) Buhl über-

1) Das Schreiben des Kapitels an Buhl ist vom 16./26. Aug. 1626. Seine Antwort
hat Buhl: „Wien gegen den grossen Christof beim Rathause" am 2./12. September abgefasst.
Kgl. Staatsarchiv zu Magdeburg. Domkapitel zu Halb. XIX. 12. In dem Protokolle des
Domkapitels (541) findet sich keine Aufzeichnung über diesen Beschluss. Dieses Buch
scheint in jenen Monaten überhaupt nicht benutzt worden zu sein, da der Niederschrift
vom 18. Juli 1626 a. St. (Bl. 131) unmittelbar eine andere in Crottorf eingetragene vom
13. Dezember 1626 a. St. folgt.

gab das Schreiben im Original einem Sekretär und dann
einem Beisitzer des Reichshofrats und erwiderte seinen Auf-
traggebern, dass die Kassation gerade noch zur rechten Zeit
angemeldet wäre, da der Reichshofrat bereits ein ener-
gischeres Vorgehen gegen das Kapitel in das Auge gefasst
hätte.

Nun erhielt das Kapitel freilich den erwarteten Schutzbrief nicht, und vergebens gingen Arnd Spiegel und Albrecht
v. Hünecke Aldringer, und Henning v. Steinberg Wallenstein um Milderung der Kontribution an; aber man nötigte
die Domherren doch auch in diesem Jahre noch nicht zur
Annahme katholischer Bewerber um stiftische Stellen. Dagegen legten noch vor Jahresschluss zwei Pfründenbewerber
den alten Eid ab, wie er vor der Einführung des im Jahre
1613 festgesetzten geschworen worden war: Ludwig v. Bieren,
der in Wittenberg studiert hatte, und Matthias v. Briezke.
Der erstere erhielt darauf eine grössere Präbende am Hochstift, der letztere eine geringere. Diese Eidesleistung fassten
die Domherren so auf, als ob sich beide hierdurch zum Katholicismus bekannt hätten.[1]

Da nach der Schlacht bei Lutter am Barenberge von den
protestantischen Kurfürsten oder den niedersächsischen Kreis-
ständen ein Einschreiten zu Gunsten der protestantischen Sache
im Stift noch weniger zu erwarten war, konnte nur der ent-
schiedene Sieg des Königs von Dänemark Besserung oder
Erlösung bringen. Auf einen solchen Sieg werden aber nur
wenige norddeutsche Protestanten nach dem Verlaufe der
ersten Monate des Jahres 1627 noch gehofft haben.

In eine noch dunklere Zukunft blickte die protestantische
Bevölkerung der beiden von den kaiserlichen Scharen auf
das höchste bedrängten Bistümer hinaus, als der Markgraf
Christian Wilhelm, ihr beiderseitiger Landesherr, im April 1627
die dänische Armee verliess und nach Siebenbürgen ging, um
von hier aus mit Bethlen Gabors Unterstützung die schlesische
Armee aufzusuchen und den Oberbefehl über dieselbe zu übernehmen. Denn eine etwaige Aussöhnung desselben mit dem

---

[1] Domkap. zu Halb. Protokoll 541.

Kaiser, welche zu einer Rückkehr in ein oder gar in beide Stifter hätte führen können, lag nun ganz ausserhalb des Bereiches der Möglichkeit. — Im Herbste des Jahres 1626 unterhielten sich die Räte der katholischen Mächte, welche noch in Brüssel versammelt waren, sehr eifrig über die bevorstehende Glaubensänderung im niedersächsischen Kreise. Bei dem päpstlichen Nuntius wurde von dem bairischen Freiherrn v. Preysing und andern die Anschauung geltend gemacht, dass man in Bremen, Verden, Halberstadt und andern Stiftern sofort katholische Bischöfe und Kanoniker einsetzen, den grössten Teil der Einkünfte der ehemals katholischen Stifter aber vorläufig zur Unterhaltung der Soldaten in denselben verwenden müsste. Die neuen Bischöfe und Kanoniker sollten sich auf etwa 10 Jahr oder länger, bis man des Besitzes gesichert sein würde, mehr mit dem Titel, als mit dem Einkommen genügen lassen. Dem Nuntius schienen diese Vorschläge wol zu behagen. Anderer Anschauung war freilich der kaiserliche Gesandte. Seiner Meinung zufolge sollte der Kaiser die „neu eroberten geistlichen Benefizien verleihen und seinen verdienten Ministris" geben. Dieser Vorschlag missfiel Preysing durchaus. Beide Anschauungen liefen aber doch auf eine wenigstens vorläufige Säkularisation der geistlichen Stiftungen hinaus.[1])

Wallenstein erteilte nach einigen Monaten dem Kaiser den Rat, gegen beide Stifter das Recht der Eroberung anzuwenden und sich im Besitze derselben zu behaupten. Die Einkünfte aus beiden Stiftern nahm der General für die Armee in Anspruch und hat sie auch in den Jahren 1626—1629 für dieselbe verwendet. Gerade in dem letzteren Jahre wehrte sich Wallenstein energisch dagegen, den Stiftern neben dem Erzherzog Leopold Wilhelm noch einen besonderen Gouverneur aufzudrängen, um dieser Einnahmen besonders aus der Stadt Halle nicht verlustig zu gehen. Ja, er äusserte damals den sehr verfänglichen Gedanken, dass man beide Stifter unter kaiserlicher Genehmigung auf drei Jahre ver-

---

1) C. M. Frh. v. Aretin, Bayerns auswärtige Verhältnisse, Bd. 1. Urk. S. 213 f.

pachten könnte, um auf die Pachtsumme „eine Anticipation zu machen, wenn schon mit Schaden".[1]) Wer wäre aber wol bei den damaligen wirtschaftlichen Verhältnissen und in der unsicheren politischen Lage Deutschlands imstande gewesen, in eine solche Pachtung einzutreten, und wer hätte es wagen mögen, auf die Einnahmen aus dieser Pachtung Vorschuss zu leisten? Hegte etwa Wallenstein selbst den Gedanken, diese Pachtung zu übernehmen?

3. Die Einwirkung der kaiserlichen Politik auf die konfessionellen Verhältnisse des Stiftes in der ersten Hälfte des Jahres 1627.

In religiös-kirchlichen Angelegenheiten enthielt sich die kaiserliche Politik auch im Jahre 1627 der Anwendung strengerer Zwangs- und Gewaltmassregeln. Nachdem der Kaiser persönlich und die katholischen Generäle in seinem Auftrage wiederholt auf das nachdrücklichste öffentlich erklärt hatten, dass dieser Krieg nicht in der Absicht geführt werde, das augsburgische Bekenntnis auszurotten, war diese äusserliche Zurückhaltung auch jetzt selbstverständlich. Man hätte sonst dem Könige von Dänemark vor seiner völligen Verdrängung von dem Boden des Reiches geradezu die schärfste Waffe der Abwehr in die Hand gedrückt. Obwol daher Tilly und Aldringer schon im Januar 1627 Aufträge besassen, welche sich auf die Änderung des Bekenntnisstandes und die Unterstützung der katholischen Partei im Stift Halberstadt bezogen, so waren die ihnen übertragenen Befugnisse doch massvoll.

Dennoch drängte sich freilich dem Domkapitel die sehr fühlbare Besorgnis auf, dass der Protestantismus des Stifts im hohen Grade gefährdet sei, als sich die Jesuiten im Anfange dieses Jahres in Stift und Stadt einfanden und Ansprüche auf das Paulerkloster zu Halberstadt erhoben.[2]) Der Jesuitenpater Johannes Nitius machte dem Kapitel die Mitteilung, dass der Pater des Klosters Hamersleben die Rechte

---

1) Chlumecky, Regesten I. 94 f. 211.
2) Hiervon war die Rede in der Sitzung vom 22. Februar 1627.

dieser Stiftung am Paulerkloster dem Jesuitenorden übertragen habe, und suchte die Genehmigung dazu nach.[1]) Die protestantischen Domherrn bemühten sich, diese Übertragung als null und nichtig hinzustellen und sprachen dem Mönche zu Hamersleben das Recht zu derselben völlig ab. Der Senior v. d. Schulenburg berichtete, dass das Kloster bei seiner Zeit ausgestorben sei, und riet ohne Zustimmung der Landschaft und des ganzen Kreises die Mönche nicht aufzunehmen. Andrerseits wurde jedoch auch auf die katholischen Offiziere Aldringer und Becker hingewiesen und zugleich die Gefahr betont, welche nach der Wideraufnahme des Ordens für Gröningen und andere Klöster entstehen würde. Allein die nachgesuchte Genehmigung sprach das Kapitel nicht aus. Vielmehr wurde der stiftische Sekretär Michael Otto nebst einem Notar zu den bereits anwesenden Jesuiten gesendet, um ihnen deutlich zu machen, dass ihnen der Pater zu Hamersleben nichts zuwenden könne, da er kein anderes Recht an dem Kloster habe, als „eine blosse Habitation".[1]) Ja, man forderte den Pater zur Verantwortung vor das Kapitel. Später gab man sich der Hoffnung hin, dass der Kaiser seinem Versprechen gemäss, die Religion nicht anzugreifen, dem Stifte auch die Jesuiten nicht aufdrängen werde. Die ganze Rechtsübertragung scheint nach einiger Zeit dem Pater zu Hamersleben selbst verleidet worden zu sein, da er dem Kapitel im November 1627 eine Zuschrift zukommen liess, nach welcher er und sein Konvent das Paulinerkloster überhaupt für sich behalten und ihr Recht in betreff der Wohnung keinem andern, „wie es vor diesem dem Pater Jesuitarum Joanni Nitio" geschehen, überlassen wollten. Dieses Schriftstück beschloss man ausdrücklich in der Klausur aufzubewahren.

Der Aufenthalt der Jesuiten in der Stadt wurde natürlich auch durch diese letzte Erklärung des Paters von Hamersleben in keiner Weise berührt.

Die Domherren ergriffen jedoch diese Gelegenheit, dem Kurfürsten von Sachsen ihre Besorgnis vor einer allgemeinen

---

1) Sitzung des Kapitels vom 26. Februar. Domkap. zu Halb. 541.

Katholisierung des Stiftes auszudrücken, zumal ihrer Behauptung zufolge der Jesuitenorden bis dahin gar keine Niederlassung im Stift gehabt habe[1]) und sich ohne Genehmigung des Kapitels und des Landesherrn kein Orden in demselben niederlassen könne. Auch fanden sie das ganze Verfahren dem kaiserlichen Schreiben vom 23. November 1626 zuwiderlaufend.

In derselben Zeit unterstützte Tilly durch ein Schreiben an das Domkapitel die Wideraufnahme der im Jahre 1616 verwiesenen Franziskaner[2]), welche ein hildesheimischer Domherr Wilhelm v. Hörde seiner Angabe nach im Namen des Kaisers forderte. Der Domherr suchte besonders um die Rückgabe der Andreaskirche nach, in welcher länger als sechzig Jahre lutherisch gepredigt worden war und die Gemeinde ihren regelmässigen Gottesdienst gehalten hatte. Die anwesenden protestantischen Herren liessen sich von den beiden katholischen Joachim und Johann Albrecht v. Hünecke besonders durch den Hinweis auf den gerade in der Stadt anwesenden Obersten Aldringer einschüchtern, obwol derselbe dem Dechanten ausdrücklich erklärte, er werde wegen der Mönche „keine Bestialität begehen noch Soldaten schicken". Vielleicht hat diese Erklärung des Obersten auch die Folge gehabt, dass sich die Domherren ihrer eifrigen Bemühungen vom Jahre 1616, die Widerkehr der Franziskaner zu verhindern, nicht mehr erinnerten und sich auch nicht für verpflichtet hielten, sich der Gemeinde mit Nachdruck anzunehmen; sie gaben sich der Hoffnung hin, dass die Mönche den Bürgern die Kirche wenigstens zur Mitbenutzung überlassen würden. Aber noch im Februar scheint die letzte lutherische Predigt in ihr gehalten worden zu sein; am Sonntage Reminiscere nach neuem Kalender ergriff der Orden von der Kirche Besitz. Doch

---

1) Von einem vorübergehenden Aufenthalte dreier Jesuiten in der Stadt in den Jahren 1590 und 1591 berichtet W o k e r in der „Geschichte der norddeutschen Franziskaner-Missionen der sächsischen Ordensprovinz" vom h. Kreuz, S. 78 f.
2) Vgl. O p e l, Kampf des Protestantismus und des Katholizismus im Stift Halberstadt i. d. Zeitschrift für Preuss. Gesch. und Landeskunde J. 1870 S. 73 f. Dazu W o k e r, Geschichte der norddeutschen Franziskaner-Missionen. S. 91 f. Das Sitzungsprotokoll der Domherren vom 13.|23. Februar 1627. Domk. zu Halberstadt 511.

musste er die Orgel und die Kirchenstühle der protestantischen Gemeinde überlassen. Die zurückgekehrten Franziskaner nahmen dann ohne weiteres alles, was jemals im Besitze des Klosters gewesen war, als ihr Eigentum in Anspruch.

Aldringer zeigte ferner nach seiner Rückkehr aus Prag dem katholischen Johann Albrecht v. Hünecke in Aschersleben an, dass der Papst dem sechsjährigen Prinzen Maximilian Heinrich von Baiern, dem Bruderssohne des Kurfürsten, eine Präbende des Matthias von Oppen übertragen habe, und übergab ihm eine päpstliche Bulle. Der junge Prinz war bereits Dompropst von Strassburg. Die Domherren erhoben gegen seine Zulassung nicht die geringste Einrede. Der Domherr J. Albrecht v. Hünecke leistete als Prokurator den Eid für den Knaben und wurde darauf sofort in die für den Prinzen geforderte Stelle eingesetzt. Im Domkapitel hatte ein hildesheimischer Kanonikus päpstliche Schreiben überreicht.[1])

Bei seiner Anwesenheit in Österreich erhielt Aldringer auch zuerst den Auftrag, für die Wahl des Erzherzogs Leopold Wilhelm zum Bischof von Halberstadt zu wirken, nachdem der Kaiser schon im Sommer des vorigen Jahres (1626) diesen seinen zweiten Sohn in einer geringeren Pfründe am Hochstift, welche Heinrich v. Lochow besessen hatte, untergebracht hatte. Der vom Kaiser mit dieser Angelegenheit betraute Scholastikus und Burgvoigt Joachim v. Hünecke war damals freilich nicht einmal imstande gewesen, dem Kapitel die übliche Eintrittssumme von 107 Goldgulden baar zu entrichten, sondern hatte dafür eine goldne Kette als Pfand einsetzen müssen. Da jedoch dem Domkapitel sehr an baarem Gelde gelegen war, ging es den kaiserlichen Oberstlieutenant David Becker an, die Summe vorzuschiessen, was dieser auch that. Das Domkapitel aber ersuchte Laurentius Buhl[2]) in Wien, dafür Sorge zu tragen, dass der sich in der Kaiserstadt aufhaltenden Gattin des Oberstlieutenants aus der kaiserlichen Hofzahlkammer oder einer

---

[1] Die Sache wurde in dem am 22 Februar 1627 abgehaltenen Generalkapitel erledigt.
[2] Das Domkapitel an Buhl, Halb. 28. Juni a. St. 1626. A. Domk. zu Halb. XIX. 11

andern Kasse die Summe widererstattet werden möchte, damit
Hünecke wider in den Besitz seiner Kette gelangen könnte!!

Die Bemühungen des Obersten Aldringer und des kaiserlichen Kammerrates Reinhard v. Walmerode um die Wahl des
Erzherzogs Leopold Wilhelm zum Bischof erhielten eine kräftige
Unterstützung, als dem Kapitel ein päpstliches Gnadenschreiben
für den Erzherzog von dem mainzischen Rate, Oberamtmanne
des Eichsfeldes und Vogte auf dem Rustenberge Friedrich
Westphal überreicht wurde, welches dem Kaisersohne die
Präbende Heinrichs v. Lochow wirklich überwies. Durch ein
besonderes kaiserliches Empfehlungsschreiben wurden Joachim
v. Hünecke und Johann Georg v. Holle zu Prokuratoren des
Erzherzogs ernannt.

Reinhard v. Walmerode, welcher seinen Weisungen zufolge
auch die Übertragung des Erzbistums Magdeburg auf Leopold
Wilhelm und die Zurückführung des Katholizismus überhaupt
zu fördern hatte, eröffnete Ferdinand II. sehr bald, dass ihm
seine Aufgabe in Halberstadt sehr erleichtert werden würde,
wenn derselbe die Wahl des brandenburgischen Administrators
geradezu für ungiltig erklären und den Kapitularen befehlen
würde, eine verfassungsmässige Bischofswahl vorzunehmen, oder
wenn er aus eigener Machtvollkommenheit einen Statthalter einsetzen wollte. Zugleich wies er jedoch auch auf einen anderen
Weg hin: er brachte die Vermehrung der Anzahl der katholischen
Stimmen auf sechs in Anregung, was durch den wirklichen
Eintritt der drei katholischen Bewerber Wambold v. Umstadt,
Metternich und Mandelslohe erreicht werden konnte. Und
auch eine Vermehrung dieser sechs katholischen Stimmen durch
Gewinnung von Protestanten schien ihm möglich: er rechnete
besonders auf Henning v. Steinberg, den er von seiner Ge-
sandtschaftsreise her genauer kennen mochte, und auf Johann
Georg v. Holle [1]), der nach einiger Zeit wirklich übertrat.

Allein der Kaiser zeigte sich jedem gewaltthätigen Vorgehen gegen die Protestanten abgeneigt; er erklärte es für
das Geratenste, dass Tilly und Aldringer die Angelegenheit

---

[1]) J. Reinhard v. Walmerode an den Kaiser. Peine 17. Jan. 1627. K. K. H. H. und
St. A. in Wien.

ohne sein Zuthun in den Gang brächten und die Domherren veranlassten, das zu thun, was sie zu ihrer Conservation am zuträglichsten erachteten.[1]) Und als später der mainzische Rat Johann Reinhard v. Metternich in Wien persönlich gegen den kaiserlichen Beichtvater Lämmermann den Wunsch aussprach, dass der Kaiser energische Massregeln ergreifen möchte, wurden ihm selbst von dem Beichtvater allerlei kaiserliche Bedenken entgegen gehalten.[2])

Walmerodes Versicherung zufolge begannen aber die protestantischen Domherren sich mit dem Gedanken einer Neuwahl und zwar des kaiserlichen Prinzen vertraut zu machen. Der Administrator, damals noch im Lager Christians IV., war ihnen bereits ziemlich gleichgiltig, da weder er die Kapitulation noch der Kurfürst Georg Wilhelm die geforderte Sicherstellung bisher unterzeichnet hatte. Freilich hatten sie auch die Hoffnung auf den dänischen König, dessen General Wolfenbüttel besetzt hielt, für welchen Nienburg und die untere Weser von nicht unerheblichen Truppenteilen verteidigt wurden, noch nicht ganz aufgegeben. Die Bemühungen Walmerode's, protestantische Domherren für die katholische Neuwahl zu gewinnen, galten besonders auch dem Senior des Kapitels, Joachim Johann Georg v. d. Schulenburg[3]). Walmerode setzte sich ferner mit den Stiftsständen in Verbindung und suchte sie durch seine Helfershelfer von der Notwendigkeit einer Neuwahl zu überzeugen. Seiner freilich wenig glaubhaften Versicherung nach waren die Stände den kaiserlichen Absichten sehr geneigt; man teilte ihm mit, dass sie das Kapitel zu einer Neuwahl drängen würden!

Da wurden endlich die öfter genannten katholischen Bewerber um Domherrnstellen von Walmerode nachdrücklichst aufgefordert, sich nun endlich persönlich nach Halberstadt zu begeben und von ihren Stellen Besitz zu ergreifen. Selbst der Domdechant v. Spiegel äusserte sich jetzt dahin, dass man sie nicht mehr zur Leistung des Religionseides nötigen

---

1) Ferdinand II. an J. R. v. Walmerode 6. Febr. 1627.
2) Gindely, Waldstein während seines ersten Generalats, 1. 260.
3) Walmerode an Ferdinand II. Halle 6. März und Moringen 29. März 1627.

werde: dem durch bairische Fürsprache empfohlenen Hermann Christof v. Mandelslohe hatte man bereits diese Zumutung nicht mehr gestellt. Die drei Domherren, von welchen Walmerode den hartnäckigsten Widerspruch erwartete, waren Levin v. Bennigsen, zugleich Propst zu Walbeck, der einst mit dem Sekretär Justus Ranch die Verhandlungen wegen der Übertragung der Dompropstei an den Prinzen Friedrich von Dänemark geführt hatte, dann Jobst Ludolf von Stedern, Erbsass zu Bischofsrode, und Johann Georg Vitzthum v. Eckstädt auf Cannawurf im Thüringischen.

In der zweiten Aprilwoche 1627 stellte sich zuerst der zum Dompropst ausersehene Wambold v. Unstadt, begleitet von zwei kurmainzischen Gesandten, Johann Christof v. Harstell und Jobst Helmesdorf[1]), die dem Kapitel gegenüber als Bevollmächtigte des Kaisers auftraten, persönlich in Halberstadt ein. Am 13. April wurden die letzteren als Vertreter des Kaisers von den beiden katholischen Domherren v. Hünecke und dem Stiftssyndikus Dr. Lüder in das Sitzungszimmer des Kapitels geleitet, worauf Helmesdorf (Heimbsdorff?) als seinen Auftrag bezeichnete, Wambold und seinen Genossen, denen das Kapitel die ihnen angewiesenen Stellen bis jetzt versagt hatte, zu ihrem Rechte zu verhelfen.[2]) Er erklärte den Domherren, dass der Kaiser trotz ihrer Widersetzlichkeit, welche ihm einen Grund darbiete, ihnen die Benefizien geradezu zu entziehen, doch vorgezogen habe, seinen Befehlen durch den Kurfürsten von Mainz in milderer Form Gehorsam zu verschaffen. Und auch der letztere liess die beruhigende Erklärung abgeben, dass er das Stift nicht schädigen wolle, ermahnte aber doch die Domherren mit der uns unverständlichen Drohung, dass auch die Bürgerschaft und die Unterthanen Gefahr vermieden sehen wollten, zur Fügsamkeit. An dieser Sitzung nahmen teil der Dechant v. Spiegel und der Senior v. d. Schulenburg, ferner die Kapitularen Krage, Wrampe, beide Hünecke, Holle und Stedern, drei Katholiken und fünf Protestanten. Nach einer geheimen Beratung sprachen die Versammelten dem Kaiser und dem Kurfürsten ihre Glück-

---

1) Wolf, Eichsfeldia docta 1. 110 f.
2) Protokoll des Domkapitels 541. Bl. 150 ff.

wünsche aus und entschuldigten sich noch besonders, dass das Kapitel den üblichen Glückwunsch bei dem Regierungsantritte des neuen Kurfürsten Georg Friedrich von **Mainz** unterlassen hatte: Krieg und Pest hatte es angeblich daran gehindert. In der Sache selbst fasste man wegen der geringen Anzahl der anwesenden Herren, wie der so oft in den Stiftern angewendete Entschuldigungsgrund lautete, keinen augenblicklichen Beschluss und beschied die kaiserlichen Abgeordneten auf den folgenden Tag wider vor sich. Zum Willkommen erhielten die Mainzer einen Wispel Hafer, zwölf Stübchen Wein und ein Reh.

Allein noch desselben Nachmittags traten die protestantischen Domherren zu einer besonderen Sitzung zusammen[1]), in welcher man zunächst übereinkam, den mainzischen Abgeordneten einen wahrheitsgemässen Bericht über die Vorgänge im Stift seit der Wahl Christians von Braunschweig zu erstatten, der für diesen natürlich nicht sehr schmeichelhaft ausfallen konnte. Die protestantischen Herren wollten besonders auch die Gewaltthätigkeiten hervorheben, welche sich ihr kriegerischer Bischof im Jahre 1623 bei seiner Anwesenheit in Halberstadt hatte zu schulden kommen lassen, dass er sie auf ihren Höfen eingeschlossen, dass er viele Personen von Rang und Stand auf sein Schloss nach Gröningen geführt und, um Geld von ihnen zu erpressen, sie sogar vor den Henker habe stellen lassen. Ferner hielt man es für notwendig, darauf hinzuweisen, dass das Kapitel kaiserlichen Befehlen bereits Gehorsam geleistet habe, nachdem es zwei Katholische, Mandelslohe und Briezke, in das Kapitel aufgenommen und damit den Religionseid thatsächlich für hinfällig erklärt hatte.[2]) Dagegen sträubte man sich gerade dagegen, Wambold von Umstadt, wie er es verlangte, die Dompropstei zu übertragen: die protestantischen Domherren stützten sich auf das kanonische Recht, sie vermissten die betreffende Bulle des Papstes, wie sie sowol der österreichische Erzherzog

---

1) Katholisch waren die Gebrüder v. Hünecke und Kaspar Wrampe.
2) Im Protokoll stehen ausdrücklich die Worte: „Das juramentum religionis were cassiret". Bl. 152.

wie der bairische Prinz bei ihren Bewerbungen um Pfründen hatten übergeben lassen! Die Dompropstei konnte ferner niemand anders als durch Wahl übertragen werden. Von unbeugsamer Hartnäckigkeit war freilich das Widerstreben der Domherren nicht: wenn die Gegenpartei nicht anders zur Ruhe gebracht werden konnte, wollte man Wambold unter Wahrung der üblichen Formen und mit dem ausdrücklichen Vorbehalt, dass er sich in seiner Pfründe auch selbst zu schützen habe, den Sitz im Kapitel einräumen. Man fügte sich also in das Unvermeidliche und nahm einen katholischen Dompropst an, obwol noch ein protestantischer, der Sohn des Königs von Dänemark, dem Namen nach Inhaber der Stelle war.

Am folgenden Tage (14. April) wurde von neuem Kapitelssitzung abgehalten, zu welcher sich auch die katholischen Herren einfanden. In dieser beschwerten sich zunächst die protestantischen Krage, Stedern und Holle über die Aufhebung des von ihnen beschworenen Religionseides vom Jahre 1613 und gaben die Erklärung ab, dass sie Verhandlungen über die Einführung katholischer Stiftsherren nicht eher beiwohnen könnten, bevor man sie nicht ihres früheren Eides förmlich entbunden habe. Sie verliessen darauf die Sitzung und die zurückbleibenden entschlossen sich, sie im Namen Gottes und des ganzen Kapitels davon loszusprechen, was durch den Syndikus Dr. Lüder unmittelbar darauf geschah. Man betonte endlich noch einmal, dass die Propstei nach der Kapitulation des Herzogs Heinrich Julius vom Jahre 1578 nicht an den Papst fallen könnte,[1] dass man aber Wambold dem Kaiser zu Ehren, da Halberstadt ein kaiserlich Stift sei, zulassen wolle.

Erst nach diesen Vorverhandlungen stellte sich Wambold v. Umstadt am 15. April früh 9 Uhr in der gelben Handelstube des Domkapitels ein. Das Kapitel übertrug die persönlichen Besprechungen mit ihm den beiden katholischen Herren v. Hünecke, dann Stedern, Holle und dem Syndikus, während die bisherigen Hauptträger des Widerstandes gegen

---

1) Von einer solchen Kapitulation findet sich in Langenbecks Geschichte der Reformation des Stifts Halberstadt S. 59 ff. nichts. Wahrscheinlich ist der Vergleich vom 26. Mai 1576 oder gar die Kapitulation von 1566 gemeint. Langenbeck, S. 47 ff., 57.

die Aufnahme katholischer Mitglieder und zugleich die Inhaber der ersten Stellen, Spiegel, Schulenburg und Steinberg
sich noch von Wambold fernhielten.

Aus den Verhandlungen dieses Tages heben wir zunächst
das von Wambold erteilte Versprechen im betreff der Besetzung
der von dem Dompropste abhängigen Pfarrstellen heraus: er wollte
es mit den Pfarrern so machen, dass er es vor Gott und vor dem
Kapitel verantworten könne. Das Kapitel hatte dagegen ge-
fordert, dass das Archidiakonat einem der 14 Domherren übertragen werde, dass es mit den Pfarrlehen, wie bisher gehalten, und die Pfarrer selbst im Dom ordiniert werden müssten.
Ferner nahm Wambold die völlig freie Verfügung über alle
vom Dompropste zu verleihenden Vikarien in Anspruch, liess
jedoch zuletzt diejenigen fahren, welche die Domherren bereits verliehen hatten. Auch neue Forderungen wurden an
diesem Tage geltend gemacht: Wambold erhob den Anspruch
auf Schadenersatz für die ihm jahrelang vorenthaltene Pfründe,
und der kaiserliche Fiskal hatte eine Rechnung im Betrage
von 20 000 Thlrn. zusammengestellt, welche die Domherren
als Strafe für ihren Ungehorsam gegen die kaiserlichen Befehle zahlen sollten. Andere Schwierigkeiten erhoben sich
im betreff des dem Kapitel von Wambold auszustellenden
Reverses, an dessen Inhalt den im Herzogtum Wolfenbüttel
angesessenen Domherren sehr viel gelegen sein musste. So
wollte Stedern mit der ganzen Angelegenheit überhaupt nichts
zu thun haben, wofern der neue Dompropst ihm keine Sicherheit gewähre, dass er auf seinen Gütern im Braunschweigischen
ungefährdet sein und frei reisen könnte. Doch scheint seine
Besorgnis vor der Rache der dänischen Besatzung in Wolfenbüttel von Wambold und den mainzischen Räten beschwichtigt
worden zu sein.

Die Verhandlungen dieses Tages wurden zuletzt sicherlich
durch eine Mitteilung des Joh. Albrecht v. Hünecke über ein
Gespräch unter den mainzischen Gesandten und Fremden im
Goldnen Stern wesentlich beschleunigt. Hier war die Äusserung
gefallen: Der mitanwesende Generalauditeur Tillys würde es,
wenn die Herren sich nicht bequemen würden, „gestracks

hinüber berichten; es wäre schon Ordinanz gemacht, dass die
executio geschehen und der Herrn Amthäuser eingenommen
werden sollten."

Und so fand schon Tags darauf (16. April) die feier-
liche Einführung des neuen katholischen Propstes statt. Indem
der lutherische Dechant dem katholischen Wambold das rote
Barett aufsetzte, verlieh er ihm den Sitz im Kapitel und ge-
leitete ihn dann zu seinem Chorstuhle im Dom.

Doch auch mit Wambolds Einführung war die Sache noch
nicht ganz zu Ende gebracht. Die Domherren wünschten
fünf dem ehemaligen Dompropste Herzog Philipp Sigismund
von Braunschweig verschriebene Dörfer, auf welche sie Ansprüche erhoben, bei dieser Gelegenheit wider zu erhalten.
Allein sie mussten auch hierin nachgeben und lieferten dem
neuen Propste Dardesheim, Vogelsdorf, Aspenstädt, Harsleben
und Huy Neinstedt aus: nur Ströbeck behielten sie sich jetzt
noch vor. Auf sechs Jahre sollte Wambold diese Besitzungen
pachtweise innehaben und bewirtschaften.

Und darauf begab sich der Dompropst samt den kaiserlichen Kommissaren, dem Generalauditeur Tillys und dem
Scholastikus Joachim v. Hünecke nach Harsleben, um die
Huldigung und das Angelöbnis der Unterthanen und Beamten
entgegen zu nehmen. Nachdem dies geschehen war, wurde
Mahlzeit gehalten, und während derselben das Wappen des
neuen Herrn angeschlagen. Seine Unterthanen erfreute Wambold mit einem kleinen Geschenk, er gab ihnen fünf Goldgulden zu Broihan und zwei Goldgulden zur Verteilung im
Hause.

In Beziehung auf das Glaubensbekenntnis hatte der katholische Propst noch zwei Tage vor seiner Einführung eine ge-
wisse Nachgiebigkeit zur Schau getragen. Er versprach keine
Reformation anzustellen und die Ordination der Pfarrer im
Dome, wie sie bisher üblich war, auch fernerhin zu gestatten.
Das Archidiakonat Eilenstedt sollte bei den 14 residierenden
Domherren verbleiben. Welchen Wert man jedoch diesen
persönlichen Versprechungen beizulegen hatte, erwies sich
bereits am Tage nach der Einführung; denn an diesem Tage

(17. April) übergaben die mainzischen Abgeordneten als kaiserliche Subdelegierte Forderungen, welche offenbar die vollständige Reformation auf dem bereits mit so gutem Erfolge betretenen Wege des gelinden Zwanges zum Zweck hatten.

Die Domherren wurden ersucht, auch Reinh. v. Metternich anzuerkennen und ihm seine Einkünfte anzuweisen. Ausserdem nahm der Kaiser die zur Erledigung kommenden Beneficien in den Kollegiatkirchen für den Papst in Anspruch, während sie bisher das Domkapitel verliehen hatte, und stützte sich dabei auf die Bestimmungen des Konkordats mit der deutschen Nation. Die Besetzung der stiftischen Pfründen in den sechs päpstlichen Monaten, welche das Kapitel auf drei beschränkt hatte, sollte dem Papste wider anheimgegeben und endlich auch die Kuratbeneficien an Katholische verliehen und die kaiserlichen Bittbriefe anerkannt werden. Wenn die zur Zeit das Kapitel bildenden Herren diese Ansprüche erfüllten, so konnten die geistlichen Stifter in Halberstadt den protestantischen Charakter nur noch kurze Zeit aufrecht erhalten.

Zugleich mit dieser Angelegenheit beschäftigte das Domkapitel auch die Abfindung der Erben des Raban Westphal, der nach seinem schon vor längerer Zeit erfolgten Tode zwei Brüdern, dem Oberhauptmanne und Landrichter auf dem Eichsfelde Friedrich Westphal und Leo Friedrich Westphal seinen Anspruch auf die ihm durch die beharrliche Weigerung der Domherren entgangenen stiftischen Einkünfte hinterlassen hatte. Diese Einkünfte wurden von seinem damals in Halberstadt anwesenden Bruder Friedrich auf 37069 Thaler angegeben. Das Kapitel hoffte Westphal jedoch mit einer geringeren Summe abzufinden, da die Gebrüder Westphal des Geldes zur Bezahlung der sich auf 20000 Thaler belaufenden Schulden des Verstorbenen bedurften.

Man erteilte Joh. Albrecht v. Hünecke und Stedern Vollmacht, sich mit dem eichsfeldischen Oberamtmanne, welcher seine Forderungen schnell auf 15000 Thaler ermässigte, zu einigen. Die Unterhändler boten ihm darauf vergeblich 6000 Thaler.

Da ging in der Sitzung vom 24. April ein annehmbarer Vorschlag des neuen Propstes ein. Wambold wollte Westphal die bisher von ihm besessene grosse Präbende abtreten, falls ihm die Herren eine kleinere überweisen und an Westphal noch 5000 Thaler dazu zahlen würden. Das Kapitel versprach dem Dompropste noch eine Minorprachende zu verleihen [1]), stellte ihn aber doch nicht ganz dadurch zufrieden, sondern musste noch 500 Thaler hinzufügen. Wahrscheinlich zur Entschädigung für seine Gefälligkeit überwies das Kapitel darauf dem Dompropste, der zugleich die Rechnung der kaiserlichen Gesandten in ihrer Herberge zum Goldnen Stern bezahlte, pachtweise auf sechs Jahre noch das Dorf Ströbeck.

Hiermit waren Westphals sehr zweifelhafte Ansprüche befriedigt worden. Ob nun auch die dem Dompropste durch die Verzögerung der Einführung entgangenen, auf 43 845 Thlr. berechneten Einkünfte, auf welche er Anspruch erhob, nachgezahlt worden sind, wissen wir nicht. [2])

In derselben Sitzung vom 24. April erteilten die Domherren den kaiserlichen Abgeordneten auch im betreff der übrigen Forderungen einen fast durchaus zusagenden Bescheid. Sie wollten Metternich, dem die Giltigkeit seiner kaiserlichen Empfehlungsbriefe durch einen Mitbewerber streitig gemacht worden war, nach der kaiserlichen Bestätigung derselben, wenn er sich persönlich in Halberstadt einstellen werde, zur Residenz zulassen; sie räumten dem Papste die geforderten sechs Monate

---

1) Urkunde vom 16./26. April. St. A. zu Magdeburg. A. Domkap. zu Halb. XIX. 12.
2) Die Jahreseinkünfte der Dompropstei wurden 1621 auf 3 000ᵗ–4 000 Thlr. geschätzt. Opel, Die Resignation u. s. f. Neue Mitteilungen XIII, 29. Dem Kapitel überreichte Wambold folgende Rechnung unter eigner Namensunterschrift: Designatio fructuum perceptorum et expensarum Herrn Dom-Probstens: Ao. 1616 — 700 Reichsth. A. 1617 — 700 R. Von Ochsen, Schweinen, Hancken, Butter, Käse, Holz — 200 R. A. 1618 von allen genannten Posten — 3400 R. Ao. 1619—1623 incl. je 3 400 R. Wegen ausbrachter Mandate, Bezahlung der Agenten, Prokuratoren, Notarien, Boten 1150 R. De mulctis in vorgesetzten Jahren und von Zehenten — 350 R. Ao. 1624 — 3 400 R. Von Zehenten und mulctis wegen nicht beschehener Parition 12-lotigen Goldes — 215 R. A. 1625 — 3 400 R. Von Zehenten und mulctis 215 R. Wegen nicht erfolgter Parition 121/2 Goldes. Wegen ausbrachter kf. Mandaten super praepo-itura, Agenten, Prokuratoren, Notarien, Boten, Belehrung und Reisekosten — 1500 R. Dompropsteigefälle von 2 Jahren — 800 R. Summarum summa 43815 R. ohne das M. lotigen Goldes. (Vor dieser Summe steht noch Sma. 9500 Th., möglicherweise der Betrag, welcher Wambold wirklich gezahlt worden ist.) Über die Verwendung der gesperrten Einkünfte der Domherren weiss ich keine Auskunft zu geben.

ein und weigerten sich nicht mehr, die zur Erledigung kommenden Kuratbeneficien am Hochstift und an den Kollegiatkirchen an Katholische zu übertragen. [1] Auch die Verbind-
lichkeit der kaiserlichen Bitten fand jetzt Anerkennung bei
den Domherren: sie waren entschlossen, sich mit den vom
Kaiser auf diese Weise Empfolenen zu vergleichen. Nur
über die Verleihung von Präbenden in den Kollegiatkirchen,
„wenn sie apostolice vacierten", weigerte sich das Domkapitel, eine Verfügung zu treffen: seiner Anschauung nach
stand das Verfügungsrecht über diese Benefizien ausschliess-
lich dem Bischofe, also dem zukünftigen Inhaber des Stuhles
des heiligen Stephan, zu, dem es auch gewahrt bleiben sollte.

Am Jubilatesonntage, 15. April, begann der Propst sein
Klosterjahr, schlief die Nacht auf der Kapitelsstube und zeigte
sich den folgenden Montag in der Mette. Die Mittagsmahl-
zeit an diesem Sonntage nahm der neue Dompropst nebst
den kaiserlich-mainzischen Kommissaren und Friedrich Westphal bei dem Domdechanten ein, wie überhaupt das Domkapitel die unerwünschten Ankömmlinge durch mehrere festliche
Gelage auszeichnete. Wambold von Umstadt behielt die Dompropstei auch als Kurfürst von Mainz noch eine Zeit lang bei.

4. Die Streitigkeiten zwischen dem Domkapitel
und der protestantischen Bürgerschaft über die
Absetzung des Dr. Tobias Herold.

Während in diesem denkwürdigen Sommer der Katholizismus in Stift und Stadt sichtlich erstarkte und sich ausbreitete,
brach in dem protestantischen Teile der Stadtbevölkerung
bitterer Hader mit dem Domkapitel aus, der jedenfalls dadurch
einen noch gehässigeren Charakter annahm, dass die Nachgiebigkeit der in der Mehrzahl protestantischen Domherren

---

1) Die im Protokoll enthaltene Erklärung über die Verleihung der Kuratbenefizien
entbehrt der Bestimmtheit: „beneficia curata im hohen stift und ecclesiis collegiatis fallen
dominis ordinariis und nicht nach Roma; sein oneriert, die eine ist episcopi, praepositi et
decani, dann 4 socii (? !), so ex reditibus dominorum fundiret; wehren benemeritis alzeit
gegeben und qualificatis, wann sich ein catholicus angeben (wird) und qualificirt (ist),
solls gehalten werden, als es a tempore reformationis geschehen. Lakemann ist katholisch
hat sein collatio vom lutherischen Dompropst.“

von den Stadtgeistlichen und ihren Gemeinden die herbste
Verurteilung erfuhr. Zum Sprecher dieser gegen das Domkapitel erbitterten Partei machte sich jetzt wie früher der
charaktervolle Prediger an der Martinikirche, der jetzt in
der Stadt hohes Ansehen und den Einfluss eines geistlich-
politischen Führers in so verworrener Zeit genoss, Dr. Tobias
Herold.

Er war in die Fusstapfen des Dompredigers Reineccius
getreten, der sich schon im Oktober 1620 vor dem Kapitel
hatte rechtfertigen müssen, weil er den Text einer Sonntags-
predigt: „Ihr könnt nicht Gott und dem Mammon dienen",
grösstenteils zu Ausfällen gegen die Domherren benutzt hatte.
Drei Jahre später sah sich das Domkapitel sogar genötigt,
Reineccius plötzlich zu entlassen, als er das persönliche Leben
der Domherren abermals auf der Kanzel einer scharfen Kritik
unterzogen und auch ihr hartes Verfahren gegen die Unterthanen auf dem Lande streng gerügt hatte. Schon wenige
Tage darauf hatte aber Reineccius eine Berufung als Superintendent nach Barby erhalten, der er alsbald gefolgt
war. In einem auf seinen Wunsch erteilten Gutachten
(1./11. Dezember) sprach sich die theologische Fakultät zu
Wittenberg gegen das Domkapitel aus, und neun seiner geistlichen Amtsbrüder in der Stadt bezeugten dem Vertriebenen
die „wolgeführte Lehre" und seinen unsträflichen Wandel.
Reineccius übergab darauf die gehaltene Predigt wiederholt
dem Drucke[1]) und widmete die uns bekannt gewordene Aus-
gabe derselben sogar sechs namentlich genannten evangelischen
Domherren, die also wahrscheinlich den Streitfall milder
auffassten.

---

[1]) PRAEMIUM VERITATIS: Eine Predigt Von Besserung derer, so sich des
Evangelij rühmen, vnd vom Pabstumb abgetreten, Sonderlich bey der Clerisey zu Halberstadt .... Umb welcher Willen M. Johannes Reineccius, Der gewesene Domprediger, den
11. Octobris, Anno 1623. Plötzlich seines Dienstes entsetzet worden. Mit approbation der
Theologischen Facultät zu Wittenberg, vnd etlichen andern nothwendigen Beylagen. Vom
Autore selbst wieder vbersehen, verbessert vnd zum andern mahl gedrucket .... Magde-
burgk. Gedruckt bei Wendelino Pohln, in Vorlegung Johann Neumanns. Im Jahr 1624.
4. 40 Bll. Der erste Druck erschien schon im Jahre 1623. Eine kurze Inhaltsangabe dieser
Schrift findet sich in der zweiten Auflage von G. Arnolds Kirchen- und Ketzerhistorie.
Bd. 2. S. 106 f.

An der Spitze der neun halberstädtischen Prediger, welche Reineccius ihre Teilnahme durch ihr Zeugnis an den Tag legten, befand sich sein eifrigster Gesinnungsgenosse Tobias Herold, erster Pfarrer an der Hauptkirche der Stadt, dessen volkstümlich derbe Leidenschaftlichkeit in den letzten Jahren durch die Entlassung des Dompredigers und Superintendenten und dann durch die Einlagerungen der kaiserlichen Regimenter doch wol etwas zurückgehalten worden war.

Der in dem kräftigsten Lebensalter stehende Mann, dessen Eltern noch in der Stadt lebten, hatte sich in seiner Jugend eine hervorragende nicht bloss theologische Bildung erworben. Er war am 14. Mai 1604 in das Verzeichnis der Studierenden der Universität Wittenberg eingetragen worden, gerade einen Monat früher, als der Schwede Johannes Bothwidi, der spätere Bischof von Lynköping und Ratgeber Gustav Adolfs auch in der Frage der Widerherstellung oder vielmehr Neuordnung der kirchlichen Verhältnisse der Stifter Magdeburg und Halberstadt. Später setzte Herold seine Studien in Jena fort (1607) und beendete sie wahrscheinlich in Giessen (1609). Schon in Jena war er schriftstellerisch thätig und blieb auch später ein eifriger Freund der Wissenschaften.[1]) In Jena erwarb er sich den Grad eines Doktors der heiligen Schrift; von seiner Bibliothek sind noch heute Überbleibsel vorhanden. Nach dem Tode seiner ersten Gattin, einer Tochter des Bürgermeisters Sisenis, hatte er sich seit kurzem (September 1627) mit einer Tochter des stiftischen Sekretärs Michael Otto verheiratet, war aber in seiner Beurteilung der stiftischen Verwaltung durch das Domkapitel und der persönlichen Lebensführung der Domherren dadurch nicht milder geworden. Bei diesen aber stand der durch

---

1) Von seinen Schriften sind bekannt: 1. Disputatio ethicopolitica de amicitia et bello 1607. Jena. 4. 2. Exercitationes logicae. Jena 1607. 4. 3. Glückwünschungs-Predigt 1617. 4. Regenten-Buch, oder Tractat. VOn weltlicher Herrn und Regenten, auch der reformirten Bischoffe jhrem ampt vnd stande, Räth vnd Dienern getrewen vnd vngetrewen ... Durch Tobiam Halberstadiensem D. et P. in Ecclesia patria .. LYPSIÆ, Typis Grossianis. Anno M. DC. XX. 4. Vgl. hierzu Opel, Der niedersächsisch-dänische Krieg. Bd. 1. S. 268—276. 5. Clericales propositiones decem. Halberstadii 1621. 4. Ausserdem hat Herold Leichenpredigten drucken lassen.

seine packende und die Thatsachen der Gegenwart grell be-
leuchtende Predigtweise ausgezeichnete Kanzelredner von früher
her noch in schlechtestem Andenken. Die Herren hatten sein
Regentenbuch noch nicht vergessen und waren der festen
Überzeugung, dass er unter dem Herzoge Christian von Braunschweig mit A. v. Wietersheim und Kippe darauf hingearbeitet
hatte, das Stift erblich zu machen. Daran erinnerte sie immer
noch die Herold einst von sehr einflussreicher Seite geschenkte
und mit dem braunschweigischen Wappen versehene silberne
Kanne.

Der überzeugungstreue Gegner des Kapitels und dieser
für den Fortbestand des Protestantismus so gefährlichen und
unbehilflichsten aller Staatsformen überhaupt sprach aber in
seinen zündenden Worten vom Predigtstuhl herab seit Jahren
nicht nur seine persönlichen Anschauungen, sondern auch die
des Rates und der Bürgerschaft aus. So hatte Herold auch
am Donnerstag (28. Oktober) eine scharfe Predigt gehalten,
der er den Eingang des siebenten Kapitels des Propheten
Hosea zu Grunde gelegt hatte: „Wenn ich Israel heilen will,
so findet sich erst die Sünde Ephraims und die Bosheit
Samarias, wie sie Abgötterei treiben. Denn wiewol sie unter
sich selbst mit Dieben und auswendig mit Räubern geplagt
sind, dennoch wollen sie nicht merken, dass ich ihre Bosheit
merke." Herold hatte diesen Text, wie er eingestand, auf die
Domherren angewendet und sie spöttisch „Semmelkempen"
genannt. In einer Sitzung des Domkapitels vom 30. Oktober
forderte der Dechant daher die Entlassung des durch seinen
Einfluss gefährlichen Predigers, während einer der katholischen
Domherren äusserte, man sollte ihm die Kanzel verbieten und
erforderlichen Falles Soldaten vor die Kirchthür stellen.
Darauf wurde der Stadtrat als Patron Herolds in die Sitzung
gerufen und mit dem Beschlusse des Kapitels bekannt ge-
macht. Der Entschuldigung des Bürgermeisters Kaspar Heinrich
Alsleben (Halsleben) gegenüber berief man sich auf einen
Ausspruch Aldringers, der gesagt haben sollte, das Kapitel
sei allzu fromm. Der Rat verschob seine Erwiderung auf den
Nachmittag und unterbreitete inzwischen die Angelegenheit

einer grösseren Versamlung von Worthaltern und Bauer-
meistern und verhörte den Pastor Herold, der die Erklärung
abgab, er habe seinen Text auch auf seine Zuhörer ange·
wendet, sei aber nicht allein des Rats, sondern auch Gottes
Diener. Gegen seine Absetzung legte er Berufung auf die
niedersächsische Kirchenordnung ein. Der Dechant beharrte
jedoch bei der Anschauung, Herold habe durch seine Predigt
das Kapitel verächtlich gemacht und die Unterthanen zum
Ungehorsam aufgestachelt. Er untersagte dem Rate sehr bestimmt, ihn am nächsten Sonntage predigen zu lassen und
fand auch Nachachtung. Später beschuldigte er den leiden-
schaftlichen Prediger einmal, die Domherren in der Predigt
dem Teufel übergeben und offen gesagt zu haben, kein Bürger
könne einem Kleriker seine Tochter geben. Die Forderung
der Entsetzung begründete er durch ein in der ganzen Stadt
bekanntes Beispiel. Ein Vorgänger Herolds in derselben
Kirche, der bei weitem nicht so aufrührrerisch gepredigt hatte,
Pastor Fischer, hatte dieselbe Strafe über sich ergehen lassen
müssen.[1]) Freilich war es nicht allein das Gefühl erlittener
persönlicher Kränkung, welches den Dechanten antrieb, auf
seiner Forderung zu beharren. Befand sich doch auch ein
Sohn des Kaisers und ein bairischer Prinz unter der Zahl
dieser so gescholtenen Domherrn und Kleriker, und der Metro-
politanbischof und und der katholische Dompropst verweilten
gerade in jenen Tagen auf der Kurfürstenversamlung zu
Mühlhausen, welcher man die schlimmsten Anschläge gegen
das reformatorische Bekenntnis in den Stiftern zutraute. Schon
erwartete man die Übergabe Wolfenbüttels an Pappenheim:
in der unmittelbarsten Umgebung von Braunschweig lagerten
starke katholische Heere. Wessen konnte man da gewärtig
sein, wenn die kaum niedergetretenen Flammen des Aufruhrs,
welche die Harzbauern bis in das Stift Halberstadt getragen
hatten, in der Hauptstadt wider angeblasen wurden, in

---

1) Christof Fischer, 1577—83 Pastor an dieser Kirche, † 1597 als Generalsuperintendent
in Celle. Mitteilung des Herrn Gymnasialdirektors Dr. Schmidt in Halb. Vgl. noch
Fortgesetzte nützliche Anmerkungen über allerhand Materien aus der Theologie. . . . .
Dreyzehende Sammlung. Weimar 1742. S. 651 ff.

welcher der wallensteinische Oberhauptmann sein Quartier
aufgeschlagen hatte?

Der Dechant verhehlte dem Rate diese Bedenken nicht,
begegnete aber immer noch einem zähen Widerstande, der
von den übrigen Geistlichen der Stadt gestärkt wurde. Alle
städtischen Pastoren bis auf einen vereinigten sich zu einer
Verwendungsschrift für Herold bei dem Domkapitel. Selbst
der Domprediger Paulus Müller legte Fürbitte bei dem Dechanten und andern Domherren für ihn ein. Durch den quedlin-
burgischen Notar Schaper liess der Rat endlich dem Kapitel
vor Zeugen eine Erklärung zugehen, in welcher sie die Sache
als eine Gewissenssache bezeichneten: „sie müssten ihren
Prediger vielmehr beschützen, als also prozedieren". Infolge
hiervon befahl das Kapitel aus eigner Machtvollkommenheit
dem Richter, Herold in Haft zu nehmen, der jedoch die Stadt
bereits tags zuvor mit Hinterlassung seiner Habseligkeiten
verlassen hatte, worüber das Kapitel schwerlich ungehalten
gewesen sein wird. Herold war jedenfalls sofort nach Quedlinburg gegangen. Einige Tage darauf wurden aber die beiden
regierenden Bürgermeister Kaspar Heyne und Gerhard Hetling unter militärischem Geleit nach Gröningen gebracht und
hier festgesetzt, weil sie auf keine Weise in Herolds Entlassung willigen wollten: eine persönliche Fürbitte der drei
Bürgermeister Hans Alsleben, Christof Hasenbein und Heinrich Robein für die Verhafteten machte auf den Dechanten
keinen Eindruck. Der Stadtschreiber war gleichfalls der
Verhaftung gewärtig gewesen, hatte sich ihr aber durch die
Flucht entzogen.

Die verhafteten Bürgermeister scheinen ihren Streit noch vor
die Universität Helmstedt gebracht zu haben, wenigstens wurde
in dem Domkapitel von seiten des Rats ein Gutachten derselben überreicht, welches die Angelegenheit für eine Gewissenssache erklärte und an dem Grundsatze festhielt, dass
man Gott mehr gehorchen müsse, als den Menschen. Von
den gefangenen Ratsherren weigerte sich Hetling am läng-
sten, in Herolds Entlassung zu willigen, indem er die
Entscheidung der Frage als eine Angelegenheit der ganzen

Gemeinde bezeichnete, fügte sich aber endlich den Umständen gleichfalls.

Herold sendete dem Domkapitel von Quedlinburg aus die Erklärung ein, er werde sich des Predigens bis auf eine neue Verwilligung des Rates enthalten, versöhnte aber die Domherren dadurch nicht. Für diese blieb der fähige, für die Erhaltung des Protestantismus begeisterte Mann ein aufrührerischer Kopf. Eine Stelle eines Sitzungsprotokolls lautet: „Sollte es vor die Kaiserl. Maj. gelangen, dass die gefährlichen Predigten also contra statum imperii abgangen, würde es einen seltsamen Ausgang für sie (die Mitglieder des Rats) gewinnen. Sie sollten den Pastor abschaffen und einen friedfertigen Mann annehmen.“ In einem sehr unzeitigen Eifer erhoben die protestantischen Domherren zu so gefährlicher Stunde dem Rate gegenüber sogar die heikle Frage über das Wahl- und Berufungsrecht der städtischen Geistlichen und drangen darauf, dass in Zukunft die theologischen Prüfungen und die Ordinationen nur im Dome gehalten werden sollten, während vorher Herold Superintendent genannt worden war und also auch wol die Einführung der Prediger in den Stadtkirchen geleitet hatte[1]).

In Quedlinburg erteilte endlich der halberstädtische Rat Herold die Entlassung, womit sich derselbe auch einverstanden erklärte. Durch Notar und Zeugen machte er dem Domkapitel davon Anzeige.

Nach einiger Zeit (1628) kehrte er aber krankheitswegen nach Halberstadt zurück und fand auch in seinem Pfarrhause wider Aufnahme. Von neuem verwendete sich damals die Gemeinde mit der städtischen Geistlichkeit für ihn, ohne jedoch die Hartnäckigkeit des Kapitels zu beugen: nach der Wahl eines neuen katholischen Bischofs wollten weder die protestantischen noch die katholischen Domherren mit dem gefährlichen Manne irgend eine Gemeinschaft haben. Man hegte ausserdem die Besorgnis, dass er im Begriff stehe, eine neue Schrift

---

[1] Die gesetzliche Grundlage für diese Angelegenheit war der Vertrag des Herz. Heinrich Julius und des Domkapitels mit dem Magistrate der Stadt vom 22. Febr. 1591 (a. St.). Lünig, Reichsarchiv Bd. 17. (Spicil. eccles. Anderer Teil) Anhang S. 62—67.

zu veröffentlichen, welche er bereits der Universität Jena zur
Zensur eingeschickt haben sollte. Das Kapitel forderte jetzt
den Stadtrat zur Wiederbesetzung seines Amtes innerhalb
sechs Wochen auf, sonst wollte es selbst einen Prediger be-
stellen.

Herold überlebte seine Absetzung nur kurze Zeit. Nach-
dem er am 23. September desselben Jahres seinen letzten
Willen hatte aufsetzen lassen, ist er bald darauf gestorben.
Am 7. Oktober wurde er bestattet. Da auch seine zweite
Ehe kinderlos war, verfügte er über einen Teil seines Ver-
mögens zu Gunsten halberstädtischer Predigerwitwen und der
Martinischule. Für einen Lehrer des Griechischen an der letzteren
bestimmte er die Zinsen von 500 Thalern. Er ist nicht mit
dem Bewusstsein dem Tode entgegen gegangen, dass der
Protestantismus auch nur in seiner Vaterstadt gesichert sei.
Denn er widmete die silberne Kanne, welche er einst der allgemeinen Meinung nach von dem Herzoge Christian als Be-
lohnung erhalten hatte, dem Altare seiner Kirche mit der ausdrücklichen Bestimmung, dass sie einst der Prediger statt einer
Wegzehrung mit an sich nehmen sollte, wenn er bei der Aus-
rottung des Protestantismus seinen Stab weiter setzen müsste.[1]
Seine Bibliothek kam an Verwandte, später an die Kirche.
Die verehrungsvolle Dankbarkeit seiner Gemeinde hat ihm an
der Stätte seines eifrigen Wirkens auch sein Grab bereitet
und es durch einen Gedenkstein ausgezeichnet.

Welche Bewegungen diese Streitigkeiten des Kapitels
mit dem Rate in der Stadt selbst hervorgerufen oder begleitet
haben, davon verraten uns die kurz abgebrochenen, nicht immer
leicht zu enträtselnden Aufzeichnungen der domkapitularischen
Protokolle natürlich nichts.

In die Streitigkeiten über Herolds Absetzung spielte eine
andere Frage hinein, welche das Domkapitel gleichfalls mit
einer gewissen bittern Empfindlichkeit gegen den Rat und
die Bürgerschaft erfüllte. Nach alter Sitte hatte der Rat mit

---

1) Nach gütigen Mitteilungen meines verehrten Freundes des Herrn Gymnasialdirektors Dr. Schmidt in Halberstadt. Vgl. Niemann, Die Stadt Halberstadt S. 60.

einem Teile der Bürgerschaft am Tage der unschuldigen Kindlein vor dem Kapitel auf dem Burghofe zu erscheinen, um
eine Art Ritterspiel zu Ross aufzuführen, nach welchem die
erschienenen von dem Domkapitel bewirtet wurden.[1]) Nun
war aber in den letzten Kriegsjahren die Bürgerschaft
nicht auf der Burg erschienen, wofür man Herold auch verantwortlich machen wollte, der einst auf dem Rathause gesagt haben sollte, man möge doch das Affenspiel nicht
mehr aufführen.

5. Der kurfürstliche Kollegialtag zu Mühlhausen und die Verstärkung der katholischen Minderheit des Domkapitels.

Auffälliger Weise mischte sich weder der Kaiser noch
die katholischen Generäle in diese inneren Streitigkeiten der
protestantischen Partei und benutzten sie auch nicht zur Beschleunigung der Neuwahl eines katholischen Bischofs. Erst
nachdem die dänischen Truppen an der Weser bis nach Stade
zurückgedrängt, Christian IV. die jütische Halbinsel verlassen,
die Wallensteiner bis nach Skagen vorgerückt waren, während
der Graf v. Solms mit Pappenheim wegen der Übergabe
Wolfenbüttels verhandelte, kam auch die halberstädtische
Bischofsfrage zur Erledigung. Stralendorf erteilte dem Kaiser
noch einmal vor der Eröffnung des Kurfürstentages zu Mühlhausen den Rat, das Stift für erledigt zu erklären und vor
der Neuwahl eine Anzahl der einflussreichsten Domherren
auf dem Prozesswege aus ihren Stellungen zu bringen.[2]) Indessen man machte in Wien von diesem Rate keinen Gebrauch,
nachdem die letzten Vorgänge im Stift bewiesen hatten, dass
das massvollere Verfahren, welches man bis dahin inne ge-

---

[1]) Winnigstadii Chron. Halberst. bei Abel, Sammlung rarer Chroniken 438.
[2]) Stralendorf an den Kaiser, Heiligenstadt 27. Sept. In seinem Schreiben aus Heiligenstadt v. 1. Oktober äusserte er sich dahin, „dass es zu Divertirung widriger consiliorum,
so albereit auf der Bahn, als auch den vornehmen Stift Halberstadt wieder zu Recht zu
bringen, nicht undienlich sein würde, wann E. K. M. non ex capite religionis, sondern
vielmehr hostilitatis et conspirationis et diutinae ab episcopatu absentiae ein Sedisvakanz
in . . Halb. declarirt, daneben eine ernste Kommission, darzu auch Unkatholische, denen
man noch sonsten recht trauen könnte, zu gebrauchen, damit um so vielweniger die

halten hatte, einen sicherern, kürzeren und dem Protestantismus viel schädlicheren Erfolg, nämlich die Wahl des katholischen Erzherzogs auch durch protestantische Domherren in
Aussicht stellte.

In dieser Zeit erhielt das Domkapitel den Eindruck, dass
die Stunde der Entscheidung im betreff der Wahl eines neuen
Landesherren näher rücke. Vielleicht geradezu durch Stralendorf persönlich aufgefordert, regte der Domsänger von Mainz
Reinhard v. Metternich bei dem Kapitel den Gedanken an,
den gewählten Administrator durch öffentlichen Anschlag aus
der Fremde zurückzurufen und zum Gehorsam gegen den
Kaiser zu verpflichten.[1]) Da sich aber Metternich wahrscheinlich doch keinen rechten Erfolg von einer solchen Aufforderung versprach, stellte er dem Kapitel anheim, mit Wissen
des Kaisers ein anderes tüchtiges Haupt zu erwählen. Spiegel
und Schulenburg, die beiden ältesten und einflussreichsten
Mitglieder des Kapitels, fanden indessen ein solches Vorgehen
noch ausserordentlich bedenklich, der letztere wollte besonders
dem Erzstift Magdeburg in der Wahl nicht vorgreifen. Von
katholischer Seite wurde ihnen jedoch entgegengehalten: der
Kurfürstentag von Mühlhausen werde wol bald einen Bischof
bringen. Indessen getröstete sich der Dechant auch jetzt noch
der Hoffnung, weder der Kaiser noch die katholischen Kurfürsten würden dem Stift einen Bischof aufdrängen und das
Kapitel in seinem Wahlrechte beschränken. Und wirklich
sollte Spiegel Recht behalten: man liess den lutherischen
Domherren das Wahlrecht, um sie noch tiefer zu demütigen.
Aber auch jener Katholik hatte sich in seiner Erwartung nicht
getäuscht.

Nachdem einmal das Stift Halberstadt in einem Mitgliede
des wolfenbüttelischen Fürstenhauses ein weltliches Haupt er-

religio hierunter interessiert gemacht würde, gegen etaliche der vornehmsten
Kapitularen daselbst angeordnet hätten ad inquirendum, welche propter infamiam notoriam
delictorum als adulterii, proditionis, falsi removirt werden konnten, weiln diese Personen
als meri laici E. K. M. Jurisdiktion sich nicht zu entbrechen, alsdann dieses E. K. M.
etwa weiter in Dero vortreflichem Geheimen Rat auch mit Znziehung etzlicher theologorum
und Juristen in Beratschlagung möchten ziehen lassen. Ohne Unterschrift, die jedoch
neuerdings mit Blei hinzugefügt ist. K. K. H. H. und St. A. in Wien Kriegsakten F. 33.

2) Dieses Schreiben kam am 18. Okt. 1627 in der Kapitelssitzung zur Verlesung.

halten hatte, war der Einfluss der Herzöge auf die Domherren von Halberstadt immer ein sehr merkbarer geblieben.
Manche protestantische Domherren hatten überhaupt ihre
Stellen der Gnade des weltlichen Herzog-Bischofs zu ver-
danken. Die Mutter des späteren Bischofs Christian, die
Herzogin Elisabeth, gab einst dem Domkapitel anzuhören,
dass die meisten Domherren zu ihren Stellen durch ihren Ge-
mahl Heinrich Julius gelangt wären, und fügte zur Charak-
teristik dieser so Erhobenen hinzu: „einige von ihnen hätten
zuvor als Jungen und Hofjunker gedient und wären so arm
gewesen, dass sie kaum Mittel gehabt hätten, sich ein paar
Schuh flicken zu lassen".[1]) Unter Heinrich Julius waren
anfangs der Domdechant und der Senior zugleich herzogliche
Räte; im Jahre 1596 werden der Senior Johann v. Briezke
und sogar der katholische Matthias v. Oppen als solche bezeichnet. Später (1605) erliess das Kapitel die Bestimmung,
dass in Zukunft der Dechant und der Senior nicht mehr Rats-
stellen bei dem Bischofe und Herzoge bekleiden sollten, nahmen
aber von dieser Bestimmung vorläufig Joh. Georg v. d. Schulenburg noch aus. Henning v. Steinberg war als braunschweigischer Lehnsmann längere Zeit auch herzoglicher Be-
amter. Im März 1628 entsendete das Domkapitel seine Mitglieder Johann Albrecht v. Hünecke und Ludwig v. Bieren
zum Herzoge Friedrich Ulrich v. Wolfenbüttel, um Ersatz für
die dem Bistume durch seinen Bruder Christian zugefügten
Schäden zu fordern, weil gerade diese keine braunschweigischen
Lehngüter besassen.

Zu den unbemittelteren Domherren gehörte sicherlich
in seinen jüngeren Jahren Joachim Johann Georg v. d. Schulenburg, der im Jahre 1627 die bereits lange von ihm bekleidete
Würde eines Seniors inne hatte. Er war ein Sohn Christofs III.
v. d. Schulenburg, der mit zwei Frauen 27 Kinder erzeugt
hatte, aber später in seinen Vermögensverhältnissen so zurück-
gekommen war, dass er in seinem Alter mit den Kindern aus
zweiter Ehe von seinem ältesten Sohne Levin II. v. d. Schulen-

1) O p e l, Kampf des Protestantismus und des Katholicismus i. St. Halb. 1612—1620
a. a. O. 567.

burg, einem sehr bekannten brandenburgischen Rate, der zugleich Dompropst zu Havelberg und Domdechant zu Magdeburg war, erhalten werden musste. Christofs Söhne, Joachim Johann Georg und Joachim werden in dem Lehnbriefe von 1610, durch welchen der Administrator Christian Wilhelm die Familie zu gesamter Hand mit den magdeburgischen Lehnstücken belehnte, als die ersten, d. h. wol als die Geschlechtsältesten genannt. Beide Brüder hatten eine Zeit lang das Dorf Hohenwarsleben im magdeburgischen Holzkreise besessen.

Joachim Johann v. d. Schulenburg stand im Jahre 1627 bereits im 71. Lebensjahre, war Mitglied der fruchtbringenden Gesellschaft und zweimal vermählt. Bei seinem Tode (1633) hinterliess er seinem einzigen ihn überlebenden Sohne Heinrich Julius Güter in Oschersleben, Hornhausen und Hordorf. Domkapitular scheint er in der Zeit von 1583—1590 geworden zu sein und nahm bereits 1591 als Kelner (cellarius) die vierte Stelle ein. Er wohnte der Kapitelssitzung bei, in welcher Heinrich Julius seinen Entschluss begründete, die Reformation im Stift zur Vollendung zu führen. Er wird als erster der neun protestantischen Domherren angeführt, welche Ende des Jahres 1612 den Religionseid für alle Bewerber um Stellen im Hochstift festsetzten. Als einer der Vertreter des Bistums brachte er die Sache der aus Halberstadt vertriebenen Franziskaner im Jahre 1617 vor den niedersächsischen Kreistag.[1])

Auch der damalige Dechant Arnd Spiegel v. Pickelsheim war ein bejahrter Mann, der gleichfalls einst den Religionseid hatte durchführen helfen. Damals bekleidete er die vierte Stelle unter Schulenburg, war aber nach dem Ableben des protestantischen Itel Johann v. Holle jenem als Domdechant vorgezogen worden. Er war mit dem ehemaligen katholischen Dechanten Matthias v. Oppen sehr befreundet gewesen.[2]) In

---

1) Langenbeck, Dr. W., Geschichte der Reformation des Stifts Halberstadt. Göttingen, 1866, S. 73. Danneil, Joh. Friedrich, Das Geschlecht der v. d. Schulenburg. II. 498 ff.

2) Ueber Oppens Thätigkeit im Stifte vgl. Opel, Das Stift Halberstadt unter dem Bischof Heinrich Julius v. Br. in der Zeitschrift für preuesische Geschichte und Landeskunde J. 1869 S. 385 ff.

seinem Besitze befand sich das Gut und Dorf Seggerde, welches von seinem Schwiegervater Statius v. Münchhausen an ihn übergegangen war. Er war später auch Propst der Kirche St. Bonifacii und erkaufte 1625 von Hans Heinrich Spiegel zum Desenberge für 12000 Thlr. widerkäuflich das Dorf und Gut Gudersleben (Guetterschleben) bei Walkenried.

Unter den residierenden Domherren ragte ferner der protestantische Henning v. Steinberg auf Bodenburg und Bornumhausen aus dem bekannten, auch im Herzogtum Wolfenbüttel ansässigen Geschlechte hervor.[1]) Er hatte sich in seiner Jugend eine bedeutende Bildung erworben und eine grosse Orientreise gemacht, auf welcher er in die Gefangenschaft der Türken geraten war, und zeichnete sich durch weltmännische Umgangsformen aus. Als Kanonikus im Stift Halberstadt wird er schon 1608 bezeichnet; in diesem Jahre erhielt er nach einer Empfelung seines Landesherrn und Bischofs Sitz und Stimme im Domkapitel. Später (1622) ernannte ihn Friedrich Ulrich zu seinem Geheimen Rate von Haus aus und verlieh ihm die Stelle eines Landdrosten, welche er jedoch erst annahm, nachdem er sich der Zustimmung des Bischofs von Halberstadt, des Herzogs Christian, versichert hatte. In demselben Jahre erhob ihn Friedrich Ulrich zum Oberhauptmanne von vierzehn Ämtern, wie Kalenberg, Lauenburg, Poppenburg, Blumenau, Neustadt a. R., Stolzenau und anderen. Sein Landesherr verpfändete ihm ferner Stadt und Amt Hardegsen und 1629 in ärgster Bedrängnis das Haus Westerburg. In Gemeinschaft mit zwei Brüdern besass er Bodenburg und Bornumhausen. Henning v. Steinberg war also ein reichbegüterter Mann, was auch daraus hervorgeht, dass er 1624 und 1625 seinen Landesherrn und das Stift am Kaiserhofe vertrat und für Friedrich Ulrich die hildesheimischen Lehen empfing. Im Jahre 1628 soll ihn Ferdinand II. durch die Verleihung des goldnen Kammerherrnschlüssels ausgezeichnet haben, als er von seinem Landes-

1) Behrens, Beschreibung des . . Hauses der Herren v. Steinberg S. 46 f. Beilagen S. 27. Dazu Opel, Der niedersächsisch-dänische Krieg 1, S. 321; 2, S. 54. Ausserdem worden freundliche Mitteilungen des Herrn Staatsarchivars Dr. P. Zimmermann in Wolfenbüttel benutzt.

fürsten noch einmal mit einer Gesandtschaft an den kaiserlichen Hof betraut wurde.

Der Dechant Spiegel und der Senior Schulenburg nebst
Henning v. Steinberg hatten einst den Kampf der Protestanten
gegen die katholischen Eindringlinge hauptsächlich geleitet
und mussten daher in ihm gewissermassen eine persönliche
Ehrensache erblicken, mit welcher ihre Stellung im Stift un-
lösbar verbunden war. Nichtsdestoweniger scheint damals
keinen von ihnen eine lebhaftere Empfindung davon beseelt
zu haben, dass der von ihnen bisher vertretenen Sache noch
eine bessere Zukunft vorbehalten sei, und noch weniger waren
sie gewillt, dieser Zukunft mit Aufbietung aller Kräfte eine
Stätte bereiten zu helfen. Wie oft mochten sie Luthers
Reformationshymne mitgesungen haben: das Wort „Lass fahren
dahin" hatte in ihrem Herzen keinen kräftigen Widerhall gefunden. Sie standen vor der handgreiflichen Thatsache still,
dass jetzt die Zeiten Ferdinands II. über das Reich herein-
gebrochen seien, und dachten nicht ernstlich daran, dem Sohne
des Kaisers ihre Stimmen zu versagen. Kein einziger von den
anwesenden Domherren war gewillt, seine und des Stiftes
Sache fernerhin mit dem Geschick des Königs von Dänemark
zu verknüpfen, dessen Sohn man einst zum Koadjutor erwählt
hatte, und in dessen Namen der Graf v. Solms seither die
Verteidigung Wolfenbüttels geleitet hatte.

Freilich wird man auch hervorheben müssen, dass dem
Stifte in seinen Bedrängnissen kein einziger protestantischer
Fürst auch nur die schwächste Hoffnung auf eine Unterstützung in Aussicht stellte. Der niedergebeugte Herzog
Friedrich Ulrich von Wolfenbüttel war gänzlich ausser stande,
dem Bistum, in welchem seine Eltern eine dauernde Er-
weiterung ihrer Lande gefunden zu haben glaubten, nur den
geringsten Trost zu gewähren. Zwei Wochen vor der Neuwahl lief noch ein Schreiben des Kurfürsten von Sachsen bei
dem Kapitel ein, in welchem Johann Georg, der einst als
Reichsvikar die Bestätigung des Religionseides ausdrücklich
abgelehnt und noch vor kurzem die Aufnahme katholischer

Domherren empfo!en hatte, um die Berücksichtigung des
Hauses Sachsen bei der Wahl nachsuchte!¹)

Wie so viel andere bedrängte protestantische Stände
sendete auch das Domkapitel von Halberstadt Vertreter zum
kurfürstlichen Kollegialtage in Mühlhausen (1627), um das Stift
dem Schutze der Kurfürsten zu empfelen, obgleich seine Mittel
damals völlig zu versiegen drohten. Man hoffte von dieser
Versamlung ein kräftiges Eintreten für den Frieden mit
Dänemark und für die Herbeiführung friedlicher Zustände im
Reiche überhaupt. Das Domkapitel forderte die Geistlichen
auf, für die glückliche Vollendung dieses Friedenswerkes zu
beten und sendete ihnen das Gebet zu. Der Gesandtschaft
des Kapitels gehörte der frühere wernigerodische Kanzler
Jordans an, welcher in Mühlhausen an den brandenburgischen
Rat Sigismund v. Götz das sonderbare Ansinnen richtete, die
von dem Kaiser für den Sohn eines halberstädtischen Domherren eingerichte Fürbitte (preces imperiales) zur Erwerbung
eines Kanonikats im Stift Havelberg bei dem Kurfürsten von
Brandenburg zu unterstützen. Götz wies ihn mit dem ausdrücklichen Bedeuten ab, dass auf diese Weise leicht Miss-
verständnisse zwischen dem Kaiser und dem Kurfürsten erregt
werden könnten.

In seinen Hoffnungen auf den Kollegialtag zu Mühlhausen
hatte sich jedoch nebst allen anderen Ständen auch der protestantische Teil des Domkapitels von Halberstadt völlig getäuscht. Infolge der eingezogenen Erkundigungen musste der
Dechant im Kapitel berichten, dass der Kaiser nicht gewillt
sei, die Stifter länger ohne Haupt zu lassen, sondern dass er
dieselben in Sequester nehmen werde. Um die sich auf dieser
Versamlung anbahnende engere Vereinigung der protestantischen und katholischen Kurfürsten unmöglich zu machen,
hatte der Reichsviccekanzler v. Stralendorf schon bei seinem
ersten Empfange in Mühlhausen den Kurfürsten von Mainz
darauf hingewiesen, dass der Kaiser dieses betrübten Kriegs

1) Das Schreiben wurde in der Kapitelssitzung vom 22. Dec. 1627 verlesen. Vgl.
hierzu Opel, Kampf des Protestantismus und des Katholicismus im Stift Halberstadt
1612—1624 (Zeitschrift f. preuss. Geschichte und Landeskunde Jahrg. 1870 S. 79).

halber keinen andern Gewinn, Nutzen oder fructum
hätte, dann allein, dass dabei Gottes Ehr gesucht und die
allein selig machende, wahre katholische Religion befördert,
fortgepflanzt und rechtschaffen im Reich stabiliert werden
möchte."[1]) Zu diesem Behuf wurden die katholischen, besonders die geistlichen Kurfürsten von ihm aufgefordert, „die Sachen
wol und reiflich zu erwägen, und auf solche zuträgliche Mittel
bedacht zu sein, wie anjetzo alle diejenigen Erz- und Stifter,
Kirchen, Klausen und andere gottselige Stiftungen, so nach
dem . . 1552 aufgerichteten passauischen Vertrag von den
unkatholischen den katholischen Ständen . . abgezwackt, . .
ihren rechten Herren wiederum eingeräumt . . . werden möchten."
Aber auch jetzt noch hatte Stralendorf die sorglichste Geheimhaltung des Planes anempfolen und die katholischen Kurfürsten ersucht, ihn „in der Enge" zu traktieren.

Zu dieser kurfürstlichen Versamlung hatte der mainzische
Geheime Rat und Hofratspräsident Johann Reinhard v.
Metternich seinen Herrn Georg Friedrich persönlich begleitet
und in den Beratungen bisweilen geradezu vertreten. Der
Aufforderung der katholischen Kurfürsten durch Stralendorf
hatte er ebenfalls persönlich beigewohnt. Auf jeden Fall
waren nun in Mühlhausen zwischen Stralendorf, Metternich
und dem Kurfürsten von Mainz auch Verabredungen über die
halberstädtische Stiftssache getroffen worden, an der Metternich selbst viel gelegen sein musste, da er seiner Einführung
in das Domkapitel noch immer entgegen sah.

Die Mitteilungen des Dechanten über die gefährdete Lage
des Protestantismus in den Stiftern überhaupt mussten aber
den Mut der protestantischen Domherren in Halberstadt noch
tiefer herabstimmen, so dass sie alles über sich ergehen liessen.
Und so trugen sie zuerst dazu bei, die bisherige katholische

---

1) Particular- vnd Neben Prothocoll vf deme in Ao. 1627 nacher Mullhausen aufs
geschriebenen Churfel Collegial Tag etc. gehalten. Mainz. Erzk. Archiv. Wien. Auffälliger Weise wird dieser bedeutungsvollen Aufforderung der katholischen Kurfürsten
durch den Kaiser von Tupetz in seiner Schrift, Der Streit um die geistlichen Güter
(Sitzungsberichte der philos. histor. Klasse der Ks. Akademie der Wissenschaften zu Wien
Bd. 102) nicht gedacht.

Minderheit der residierenden Domberren kurz vor der Bischofswahl erheblich zu verstärken.

Als erster der die Aufnahme in das Kapitel fordernden
katholischen Kanoniker erschien nach dem Schlusse des kurfürstlichen Tages von Mühlhausen gerade Metternich in Halberstadt. Obwol er unter den obwaltenden Umständen der Erfüllung seines Gesuchs von vornherein sicher sein konnte,
sparte er doch auch offene Drohungen gegen das Domkapitel
nicht.¹) Schon am 2. Dezember trat der mainzische Domsänger, wie er damals gewöhnlich genannt wurde, persönlich
vor das Kapitel, leistete den Eid und wurde darauf von dem
Dechanten in den Chor geführt und ihm im Kapitel seine
Stelle angewiesen. Metternich verweilte einige Wochen in
Halberstadt und traf als nunmehr residierender Domherr jedenfalls die erforderlichen Vorbereitungen zur Neuwahl des Bischofs.
An den Wahlverhandlungen selbst nahm er noch regen Anteil,
wurde aber schon im folgenden Jahre der Verpflichtung, in
Halberstadt dauernd seinen Wohnsitz zu nehmen, auf Veranlassung des Kaisers enthoben. Zur Schadloshaltung für
die ihm angeblich entgangenen Einkünfte wurden ihm 100
Wispel aus dem Kontributionsgetreide angewiesen, worüber
er sich mit den hohen Offizieren Becker und Aldringer vergleichen sollte.²)

Etwas später (28. Dezember) erhielt der katholische Domherr Hermann Christof v. Mandelslohe Sitz und Stimme, der
bereits eine Dompräbende in Verden besass, von Urban VIII.
aber auf Veranlassung des Kardinals von Hohenzollern noch
eine zweite in Halberstadt erhalten hatte.³) Mandelslohe war

---

¹) Er liess durch einen katholischen Domherrn dem Kapitel am 30. November 1627
die Drohung zugehen, „er habe mit dem General schon abgeredet, das Stift bei dieser
Occasion ferner zu ruinieren, die Herren mit Soldaten in den Höfen zu belegen, ... die
Herren sollten nur nein sagen“. Dafür zog er sich noch einen Verweis des Kapitels zu,
weil diese Verabredung mit Wallenstein „dem von seinem Prokurator früher geleisteten
Eide zuwiderlaufe“. Domkapitel zu Halb. 542.

²) Soviel Getreide oder als Entgelt die Summe von 2000 Thr. hatte er „ratione
fructuum et expensarum“ verlangt.

³) Er war am 25. Juni (a. St.?) 1602 geboren. Sein Vater war Erasmus v. Mandelslohe, Erbgesessener zum Böstel und Coppel, seine Mutter Margaretha geb. Bock v. Northoltz.
Ein mütterlicher Oheim gab den Anstoss dazu, dass er im 10. Lebensjahre zu den Jesuiten

von protestantischen Eltern zu Coppel im Erzstift Bremen geboren, aber von den Jesuiten in Hildesheim erzogen worden und hatte hier auch durch seinen Oheim, den Domkapitular Dietrich Bock v. Northolz, eine Pfründe erhalten. Er hatte darauf seine Studien in Speier fortgesetzt und sie im deutschen Kollegium zu Rom vollendet. Er stand damals im 26. Lebensjahre und wurde, nachdem er im Januar dieses Jahres wegen eines Mangels im Alter noch zurückgewiesen worden war, ohne jede Schwierigkeit in das Kapitel aufgenommen, so dass er seine Residenz beginnen konnte.

Nach Mandelslohe meldeten sich Ludwig v. Bieren, der bereits Ende Dezember des vorigen Jahres an der Stelle Leopolds v. Dorstadt angenommen worden war, und Matthias v. Briezke, beide katholisch (30. Dezember). Auch diese waren noch jüngere Männer und traten gerade 4 Tage vor der Bischofswahl in das Kapitel ein.[1]) Nunmehr waren sechs der anwesenden Domherren katholisch und sieben protestantisch. Im ungünstigsten Falle war also die Majorität der katholischen Partei gesichert, wenn sich ihr auch nur eine einzige Stimme der Protestanten anschloss. Protestantisch waren freilich ausserdem noch die abwesenden Vitzthum v. Eckstädt, Levin v. Bennigsen und Brand v. Arnstedt, während die Katholiken nur noch den gleichfalls abwesenden Dompropst Wambold v. Umstadt zu den ihrigen zählten.

---

nach Hildesheim gegeben wurde und sein Bekenntnis wechselte. Ebenso trat ihm dieser als der letzte seines Geschlechts nach päpstlichem Dispens seine Pfründe in Hildesheim ab. 1620 ging Hermann Christof v. Mandelslohe nach Rom. Nach seiner Rückkehr wurde er Soldat und erhielt von Tilly eine Compagnie z. F.; 1625 erhob ihn der Bischof von Osnabrück zum Landdrosten im Stift Verden, während er auf die Dompräbende zu Verden Verzicht leistete. 1632 verheiratete er sich mit Margareta Gertrud v. Honstätt, einer Tochter Kurts v. Honstätt, erbgesessen zu Frankenfeld. Nachdem er unter Tilly Hauptmann geworden war, brachte er es später zum Oberstwachtmeister, wurde von Ferdinand III. zum Generalquartiermeister ernannt und erhielt ein Regiment z. Pf. und ein altes Regiment z. F. Als Oberst behauptete er 1643 Düren im Jülich'schen. Später gehörte er der Bruderschaft renunciatae virginis an, welche im Kollegium der Jesuiten zu Hildesheim gehalten wurde. Sein Begräbnistag war der 23. April 1655. Sein Leichenredner, der Domprediger und Jesuitenpriester Meinhardus zu Hildesheim, bezeichnete ihn als erbgesessen zum Böstel und Coppel, als kaiserlichen Oberst zu R. und F., Kammerherrn des Erzherzogs Leopold Wilhelm, kurkölnischen Kammerherrn und Rat sowie Drost des hildesheimischen Amt-hauses Gronau.

1) Vergl. oben S. 15.

6. Die Wahl des Erzherzogs Leopold Wilhelm durch lutherische und katholische Domherren und die Folgen derselben.

Wenige Tage vor der Wahl erliess das Kapitel eine Aufforderung (30. Dezember) an die protestantischen stiftischen Prediger, ihre Zuhörer am nächsten Sonntage zu einem Gebete aufzufordern, dass Gott dieses hohe christliche Werk zu seiner Ehre, zur beständigen Erhaltung des Religion- und Profanfriedens und zur zeitlichen und ewigen Wolfahrt der Unterthanen möge gereichen lassen. Mit welcher Inbrunst mögen die Prediger, welche wussten, auf wen die Wahl gerichtet werden würde, damals gebetet haben! Welche Empfindungen über den auch in seinem Namen ausgehenden Erlass an die protestantischen Geistlichen mussten dagegen Metternich, der in Mühlhausen die Botschaften des Kaisers im betreff der Stifter vernommen hatte, erfüllen!

Als sich die Erbherren endlich über die Bedingungen schlüssig machten, unter denen sie die Neuwahl vollziehen wollten, wurde der Wunsch ausgesprochen, dass das Kapitel den Kaiser noch vor der Wahl zu einer gewissen Gewährleistung der bestehenden Verhältnisse, besonders der konfessionellen, bewegen möchte. Allein Metternichs einschüchternde Mahnungen und Warnungen erstickten diesen Plan im Keime und bewahrten die kaiserlichen Politiker vor der Verlegenheit, in welche sie seine Ausführung versetzt haben würde. Metternich wies aber geradezu auf die Zurückhaltung hin, welche sich die kaiserliche Politik bisher auferlegt hatte, indem sie die Zwangsmittel gegen das Stift nicht anwendete, über welche sie doch verfügen konnte. Er sprach die Behauptung aus, dass das Stift längst weg gewesen wäre, wenn Wallenstein seine Pläne hätte durchzusetzen vermocht. Und Hoffnungen auf die weitere Fortdauer dieser Zurückhaltung erregte Metternich auch jetzt noch. Er hob hervor, dass sich der Kaiser mit mehr „Clemenz" erklären würde, wenn er Land und Leute gutwillig und frei erhalte. Dagegen betonte er auch,[1] der Kaiser werde die

---

[1] Dies geschah in der Sitzung des Kapitels vom 27. Dezember 1627. Domk. zu Halb. 512.

Religion nicht verkaufen, d. h. wol, dass er den Katholizismus im Stift nicht zu Gunsten der Wahl seines Sohnes zum Bischof preisgeben werde, und versicherte die Herren, sie würden vor der Wahl nicht mehr erhalten, als nach derselben. Sie sollten dem Kaiser die Ehre anthun: eine Gesandtschaft mit Wahlbedingungen würde am Hofe etliche Monate aufgehalten, und die Sache doch dadurch nicht besser gemacht werden. Dazu versprach Metternich natürlich alles zum besten zu kehren und dem Kaiser das Stift zu empfelen, gestand aber auch, dass er den Kaiser bereits der Wahl seines Sohnes versichert hatte: „er hätte es schon von sich geschrieben, er müsste I. M. mit einem glücklichen Gratulationsschreiben und einer neuen Jahrswünschung besuchen."

Trotzdem vermochte der Dechant seine Bedenken gegen eine Wahl, der nicht die geringste Gnadenversicherung des Erzherzogs oder seiner Familie vorausging, nicht völlig zu unterdrücken. Besass man doch nicht einmal eine Gewährleistung der Kapitulation, der man auch den Kaisersohn unterwerfen wollte, und in welcher man die Erwartung ausgesprochen hatte, dass das Stift bei dem Religions- und Profanfrieden gelassen und auf jeden Fall nach dem Vergleiche zu Mühlhausen (1620) behandelt werden sollte.[1]) Welcher Unterschied zwischen dieser den Gewählten zu nichts verpflichtenden Wahl und den Wahlen braunschweigischer Herzöge, bei welchen die Domherren so gut für ihre eigenen Interessen zu sorgen verstanden hatten!

Indessen muss der Dechant trotzdem alle etwa auftauchenden Bedenken noch in dieser Sitzung niedergekämpft haben, da er endlich den Wahltag auf den Vorabend des protestantischen Weihnachtsfestes, Montag den 24. Dezember a. St., festsetzte.

Auf diese halben Zusagen und Vertröstungen, wie sie der verschlagene Metternich ausstreute,[2]) und für deren

---

1) Diese Kapitulation wurde am 23. Dezember 1627 im Kapitel verlesen. Mit der Berufung auf den Religion- und Profanfrieden und auf die 1620 in Mühlhausen erteilten Zusagen erklärten sich auch die katholischen Domherren, selbst Metternich einverstanden.
2) Metternichs Versicherungen an die Domherren Steinberg und Briezke lauteten: „Die pacta capitulationis würden wol volzogen und [sie] bei der Religion gelassen werden; es würde wol gute resolutio in allem wegen der Capitularen erfolgen. Caesar hätte er-

Aufrichtigkeit allenfalls die vorsichtige Haltung der kaiserlichen Politik in den beiden von den Heeren besetzten sächsischen Bistümern geltend gemacht werden konnte, während
das Verfahren Ferdinands II. in seinen Erblanden und in
Ungarn und Böhmen sowie im südlichen und südwestlichen
Deutschland den schreiendsten Widerspruch gegen dieselben
bildete, mag der protestantische Teil des Kapitels seine Hoffnungen gegründet haben.

Am 3. Januar 1628 traten die Domherren endlich. dreizehn
an der Zahl, zur Wahl zusammen.[1]) Der Domherr Vitzthum
v. Eckstädt hatte sich entschuldigt, weil gerade in jenen Tagen
der Oberst Isolano seinen Zug durch das Mansfeldische nach
Thüringen ausführte.

Nachdem der Dechant die Verhandlungen mit einer Klage
über den unglücklichen Zustand eingeleitet hatte, kam die
Sicherstellung zur Verlesung, zu welcher Spiegel den Kaiser
zu nötigen versuchen wollte. Dann bemühte er sich, dem
Gedanken Eingang bei den Domherren zu verschaffen, diese
Sicherstellung (Assekuration) der bestehenden stiftischen Verhältnisse vor der Wahl vollziehen zu lassen, da es ihm doch
schwer auf das Herz fiel, den unmündigen Kaisersohn ohne
jede Zusicherung seines Vaters zum Bischof und Landesherren
zu erheben. Er hob das Gesuch der Landschaft, von dem
zukünftigen Landesherren bei ihrer Religion gelassen zu werden,
ausdrücklich hervor. Das Gefühl der Verantwortlichkeit auch
vor der Nachwelt drückte den schon bejahrten Mann. der
sich doch ebensowenig wie der grösste Teil des norddeutschen
lutherischen Adels geradezu für einen Gegner des öster-

klärt, er wollte contra religionem nichts handeln; synceratioes wären vorhanden, (der
Kaiser) hätte zu Mühlhausen allen Anwesenden solches angezeigt". Doch erklärte er es
nicht für ratsam, zuvor noch an den Kaiser zu schicken oder zu schreiben, weil es Miss-
trauen erwecken und die Gesandten lange bei Hofe aufgehalten werden dürften.

1) Der päpstliche Nuntius Caraffa gedenkt in seiner Relation der Wahl an zwei
verschiedenen Stellen und zwar an der einen mit falscher Tagesangabe: „per alcune dili-
genze fatte a mia instanza dalli ministri dell'essercito, che tiene presidiato detta
città e li stati vicini, fu alli trenta di Ottobre 1627 eletto per Vescovo il Serenissimo L. G.,
figlio di Sua Maestà, da tutti li Canonici, doppo novant'anni, che non vi era stato Vescovo
cattolico. Müller, Carolo Caraffa, Relatione dello stato dell' imperio e della Germania
S. 318. Dazu S. 106 — poichè al principio di Gennaro s'intese l'elettione fatta dalli veri
e falsi Canonici d'Alberstat dell'Arciduca Leopoldo Guglielmo in loro Vescovo. . . . .

reichischen Hauses erklären wollte. In seiner Verlegenheit kam er zuletzt auf den merkwürdigen Vorschlag, die Wahl zwar vorzunehmen, der Landschaft aber erst Mitteilung von derselben zu machen, nachdem man sich der ersehnten Gewährleistung der erhobenen Forderungen durch eine kaiserliche Urkunde versichert haben würde. Er fürchtete, dass die Unterthanen, wenn sie auch noch die Religion verlieren sollten, das Kapitel dereinst verantwortlich machen würden, und wollte auch der Nachkommen wegen „Stifter und Unterthanen nicht also bloss weggeben". Der Senior v. d. Schulenburg stimmte dem Dechanten im wesentlichen bei, und auch noch drei andere Domherren, zwei Protestanten und ein Katholik, schlossen sich dieser Anschauung an. Allen übrigen aber erschien der Vorschlag der vorläufigen Geheimhaltung der Wahl als ebenso undurchführbar wie gefährlich. Unter diesen gaben die Katholiken ihrem Vertrauen zum Kaiser Ausdruck, obwol kein einziger unter ihnen eine bestimmte Gewähr für das ungestörte Fortbestehen des lutherischen Bekenntnisses unter einem katholischen Bischof zu übernehmen wagte.

Metternich machte noch einmal den Gesichtspunkt geltend, dass die Domherren mehr Gnade vom Kaiser durch eine Beschleunigung, als durch Aufschub der Wahl erlangen würden.[1]) Und darauf wurde auch der Vorschlag der Geheimhaltung derselben, dessen Durchführung geradezu unmöglich war, stillschweigend fallen gelassen.

Mit einer gewissen Feierlichkeit ging man dann an das Werk. Der Dechant erhob sich, mahnte beide Parteien zur Eintracht und Sorge für die Unterthanen, liess sich von allen einzelnen durch Handschlag zusichern, ihm jede erforderliche Unterstützung zu leisten, worauf auch die andern Domherren

---

1) Nach Caraffa's Mitteilung hätte der Kaiser vor der Wahl den Domherren noch eine besondere Versicherung seiner Gnade zuteil werden lassen. Caraffa, Commentaria de Germania Sacra 1611. S. 376. Attamen cum Caesar omnes Canonicos in suum patrocinium accepisset, clementissimamque suam gratiam obtulisset, illi spe restaurationis, protectionis et immunitatis Archiducem Leopoldum liberis suffragiis elegerunt . . . Von einer solchen kaiserlichen Zusicherung vor der Wahl habe ich in den Akten keine Spur gefunden, und in den beiden bereits angeführten Stellen der Relation Caraffa's wird ihrer auch nicht gedacht.

einander durch Handschlag das Gelöbnis der Eintracht bekräftigten.

Und hierauf schritt man zur Wahl, durch welche Leopold Wilhelm, der vierzehnjährige zweite Sohn des Kaisers, mit Stimmeneinhelligkeit zum Bischof erkoren wurde. [1]) Im Namen des abwesenden v. Arnstedt vollzog Joh. v. Holle die Wahl, während die von Bennigsen übersendete Erklärung uneröffnet gelassen wurde. Die sieben anwesenden protestantischen Domherren hatten in dem Bekenntnisse des Erzherzogs keinen Hinderungsgrund der Wahl gefunden. Einige Wähler fügten dem Namen des Erwählten auch die Bezeichnung des Charakters als Bischof von Strassburg oder von Passau hinzu.

Unverweilt wurde darauf dem Kaiser und seinen Generälen Mitteilung von dem so bedeutungsvollen Ereignisse gemacht, welches natürlich im Lager der Katholischen die allergrösste Befriedigung hervorrief. Diejenige Partei am kaiserlichen Hofe, welche eine Zurückführung der Stifter zum Katholizismus selbst mit der Unterstützung der protestantischen Domherren für möglich hielt, hatte sich nicht getäuscht. Die protestantische Majorität des Domkapitels von Halberstadt hatte dem Protestantismus diese tiefe Demütigung ohne erheblichen Zwang bereitet. Gelang es der kaiserlichen Politik, den Protestantismus auch in andern norddeutschen Stiftern auf diese oder ähnliche Weise zu beugen, so konnte man in Wien hoffen, den Erzherzog Leopold Wilhelm zu einer Art von Generalbischof in ganz Norddeutschland ohne eine strenge Anwendung gewaltsamer Mittel zu erheben und auch in den ehemals kirchlichen Gebieten Niedersachsens den Einfluss des österreichischen Hauses dauernd sicher zu stellen. Bei der bevorstehenden Entscheidung der Beschwerden der Katholiken gegen die Protestanten konnte dann umsoweniger davon die Rede sein, den Mitgliedern der Liga Anteil an diesen geistlichen Gebieten zu gewähren. [2])

---

1) Die Reihenfolge der abstimmenden Domherren war: Spiegel (Dechant), Schulenburg (Senior), Wrampe, Krage, Steinberg, Hünecke, Hünecke (Burgvoigt), Stedern, Briezke, Mandelslobe, Metternich, Holle, Bieren.

2) Vgl. hierüber auch Tupetz, Dr. Theodor, Der Streit um die geistlichen Güter und das Restitutionsedikt (Sitzungsber. der phil. hist. Kl. der Ks. Akad. d. Wiss. zu Wien.

Eine besonders einflussreiche Rolle hatte in dieser ganzen Angelegenheit, wie wir gesehen haben, der kaiserliche Rat Walmerode gespielt. Es schien daher den Domherren angemessen, ihm ihre Dankbarkeit nicht bloss mit Worten an den Tag zu legen. Auf Metternichs Veranlassung gewährte das Domkapitel (8./18. Februar 1628) dem kaiserlichen Stellvertreter bei seiner Rückkehr aus Prag ein Geschenk von 1000 Dukaten, welche der Dechant auf ein Amt eintragen lassen wollte. Man wählte dazu später das Amt Crottorf.

Zu dieser Freigebigkeit der Domherren mag freilich auch die von Walmerode verbreitete Nachricht beigetragen haben, dass sich der nach der Wahl zurückgekehrte und damals in Halberstadt anwesende Vitzthum v. Eckstädt die besondere Ungnade des Kaisers zugezogen habe, und dass sich daher Aldringer wahrscheinlich seiner bemächtigen würde. Man machte Vitzthum einen Briefwechsel mit dem Bischof Christian gegen den Kaiser zum Vorwurf. Der geängstete Domherr beteuerte zwar seine Unschuld, erhielt aber doch in einer Kapitelssitzung den Rat, das Stift zu verlassen. Der Domherr v. Holle begründete denselben mit den Worten: „Besser in Reisen, als in Eisen". Vielleicht fürchteten aber auch andere Domherren, welche dem Herzoge Christian nicht geradezu feindselig gegenüber gestanden hatten, für ihre Sicherheit.

Dem bereits mehrfach erwähnten, am kaiserlichen Hofe wol bekannten Dechanten zu St. Pauli, Laurenz Buhl, setzte man, um ihn so viel als möglich zu gewinnen, als einem Rate von Haus aus ein Gehalt von 100 Goldgulden aus.

Übrigens enthielten die Vorstellungen und Bittgesuche der Domherren an die kaiserlichen Offiziere gewöhnlich die demütigsten und durch ihre Unwahrheit die Empfänger fast beleidigende Schmeicheleien. So bezeichneten sie einmal den durch seine Habsucht bekannten Oberstlieutenant v. Bodendiock als einen berühmten deutschen Patrioten und Kavalier. Dem

---

S. 421 ff. Der sächsische Geschäftsträger Lebzelter urteilte vom Kaiser 1624, er strebe dahin, „wie allein die römische Religion successu temporis auch im Reich möge eingeführt und damit summa politia behauptet werden". Opel, Der niedersächsisch-dänische Krieg. II. S. 136.

überlistigen Obersten und Generalkommissar Aldringer spendeten sie als einem Manne „eines berühmten hohen Candoris" ihre Anerkennung. Ihrem neugewählten Bischofe versicherten sie, dass seine Wahl durch „die Eingebung des göttlichen Willens" erfolgt sei. Auf dieser tiefsten Stufe jener moralischen Ehrlosigkeit, zu welcher zahlreiche norddeutsche adlige und bürgerliche Lutheraner durch ihre hervorragende Teilnahme an diesem Kriege gegen den glaubensverwandten König von Dänemark herabsanken, waren die protestantischen Domherren von Halberstadt angelangt, als sie einen katholischen Bischof wählten.

In den nächsten Wochen nach der Wahl war das Kapitel damit beschäftigt, die erforderlichen Urkunden festzustellen, welche durch eine besondere Gesandtschaft dem Kaiser in Prag zur Genehmigung vorgelegt werden sollten, die Kapitulation und die Sicherstellung der Wähler (Assekuration). Zu Mitgliedern dieser Gesandtschaft ernannte der Dechant Henning v. Steinberg, Joachim von Hünecke und Johann v. Holle, der sich freilich der lästigen Verpflichtung gern entschlagen hätte. In der letzten Hälfte des Mai 1628 wurden wenig befriedigende Schreiben dieser Gesandten im Kapitel verlesen.

Selbstverständlich war die Wahl auch in der Hoffnung von dem Kapitel vollzogen worden, das Stift in seinem ganzen Territorialbestande zu erhalten und zugleich seine Leiden zu mindern. In beiden Beziehungen hatten sich die Domherren getäuscht. Als Aldringer dem Kapitel seinen Glückwunsch wegen der Wahl abstattete, stellte er keine Ermässigung der Kriegsdrangsale in Aussicht, sondern er versprach nur, Becker zu veranlassen, die Rückstände der Kriegssteuer der Stadt Halberstadt im Betrage von 6000 Reichsthalern in wöchentlichen Abschlagszahlungen einzufordern. Derselbe Oberst Becker erliess aber kurze Zeit nach jenem Briefe Aldringers ein neues Steuerausschreiben, nach welchem jeder Prediger für jede Hufe seines Pfarrackers wöchentlich fünf Thaler, jeder Schäfer für jedes Schaf wöchentlich zwei Groschen und jeder Grundbesitzer für jeden Ochsen oder jede Kuh wöchentlich fünf Groschen entrichten sollte.

Die eigentliche Wahlurkunde wurde einige Monate später ausgestellt und von zwölf Domherren unterzeichnet (4./14. März 1628), für die abwesenden Raum zur Unterschrift gelassen. Schon am 20. Februar aber war in der Kapitelssitzung ein Schreiben des Kaisers zur Verlesung gekommen, in welchem er dem Stifte seinen Schutz und Schirm zusagte und zugleich jede mögliche Erleichterung der Kriegsdrangsale versprach, welche selbstverständlich nicht erfolgte.

Schon im Laufe dieses Frühjahrs wurde auch der Territorialbestand des Bistums angetastet, da der Kaiser die Grafschaft Regenstein, welche von dem Herzoge Christian von Braunschweig nach seiner Wahl zum Bischof seinem regierenden Bruder Friedrich Ulrich übertragen und demselben bis jetzt nicht streitig gemacht worden war, dem Oberstallmeister seines Sohnes Ferdinands III. Grafen Maximilian v. Wallenstein für 50000 Gulden verpfändet hatte. Infolgedessen erschien am 12. April d. J. Oberst Becker v. d. Ehr mit einem Gefolge von Offizieren auf dem Rathause zu Blankenburg und teilte den versammelten reinsteinischen Beamten und Unterthanen im Auftrage des Herzogs von Friedland mit, dass sie in dem Grafen einen neuen Herrn erhalten hätten.

In ähnlicher Weise hatte der Kaiser dem Obersthofmeister seines Sohnes, dem Grafen Christof Simon v. Thun die Grafschaft Hohnstein für die Summe von 60000 guter Gulden überwiesen. Derselbe Oberst Becker begab sich daher von Blankenburg nach Bleicherode und machte die Unterthanen der Grafschaft auf dem dortigen Rathause mit der getroffenen Veränderung bekannt (14. April).

Dass die Grafschaft Reinstein als halberstädtisches Lehen gefährdet sei, hatte man übrigens in der Umgebung des Herzogs von Wolfenbüttel schon im Jahre 1624 gefürchtet. Denn schon damals unterstützte der kinderlose Herzog die lüneburgische Linie in ihren Bemühungen, die Gesamtbelehnung vom Stifte zu erlangen. Allein da das Domkapitel offenbar unter dem Eindrucke stand, dass das künftige Schicksal des Stiftes sehr ungewiss sei, und die dänische Partei vielleicht auch dem

Bistum kein Lehen dauernd entziehen wollte, scheiterten diese Bemühungen des lüneburgischen Fürstenhauses.

Friedrich Ulrich scheint das gewaltsame Verfahren des Kaisers sehr überrascht zu haben, nachdem ihm von Ferdinand II. noch am 24. Juli 1627 nicht bloss für seine Person, sondern für sein ganzes Fürstentum und seine Grafschaften und Herschaften, wie er sie damals „als Lehen, Wiederkaufs- und eigene Güter in Gewehr und Besitz hatte", ein Schutzbrief ausgestellt worden war. Und seit dieser Zeit war der Herzog gänzlich ausser stand gewesen, der kaiserlichen Sache auch nur den geringsten Schaden zuzufügen. Um nun kein Mittel der Abwehr zu versäumen, legte der Herzog sofort Verwahrung gegen das ganze Verfahren ein, als der kaiserliche Offizier Besitz von den Grafschaften ergriff. Dabei stellte sein Vertreter sogar die Behauptung auf, dass der Wallenstein erteilte Auftrag zur Besetzung gar nicht auf die Herschaft Blankenburg gerichtet sei. Unmittelbar darauf liess aber der Herzog einen auf Urkunden beruhenden Bericht über die eingezogenen Grafschaften drucken, welcher nicht, nur dem kaiserlichen Hofe, sondern auch mehreren Fürsten des niedersächsischen Kreises überreicht wurde. Übrigens gestand der Kaiser dem Domkapitel das Recht zu, die Grafschaft Hohnstein von dem Grafen v. Thun wider einzulösen, von dem es später auch wirklich Gebrauch machte.

Nach einiger Zeit unterzeichnete der Kaiser eine Urkunde, welche die näheren Bestimmungen, unter denen sein Sohn die neue Würde übernahm, zusammenfasste. Ferdinand II. versprach die päpstliche Bestätigung auf eigene Kosten, wenn auch unter einer freiwilligen Zubusse des Stifts, zu welcher sich dieses in der Höhe von 10000 Thalern bereits anheischig gemacht hatte, zu erwirken und das Kapitel wegen dieser Wahl gegen jederman in- und ausserhalb des römischen Reiches zu verteidigen. Er wollte ferner bei Wallenstein behufs einer Herabsetzung der Einquartierung und Milderung der Kriegslasten Verordnung thun. In Beziehung auf die Bekenntnisfrage behielt er sich zwar seine letzte Entscheidung vor, ver-

sprach aber doch noch einmal, niemand wider den Religions-
und Profanfrieden beschweren zu lassen. Allen siebzehn
Wahlherren, selbst Levin v. Bennigsen eingeschlossen, sagte
er unter Namensnennung für diese Wahl seinen und seines
Sohnes Schutz zu, ohne sie jedoch zugleich als Domherren
zu bezeichnen. Unter der Bedingung, dass sie sich den
uralten Statuten fügen, d. h. katholisch erklären würden,
wollte er auch ihren Nachfolgern im Stifte dieselbe Fürsorge
angedeihen lassen. Bis zur Vollendung des 21. Jahres sollte
Leopold Wilhelm nur die Nutzniessung der bischöflichen
Residenz Gröningen und des Amtes Oschersleben zustehen;
die übrigen Stiftseinkünfte wurden zur Abtragung der auf-
gelaufenen Schulden bestimmt. Während der Minderjährigkeit
hatte ein Administrator mit der Befugnis, sich vertreten zu
lassen, die Verwaltung zu führen: für die Zeit nach der Einführung des Erzherzogs wurde dagegen dem Kapitel die Teilnahme an der Regierung in Aussicht gestellt. Auch eine Ver-
grösserung hatte der Kaiser dem Stifte zugedacht. Die
verloren gegangenen Herschaften und Lehnstücke, besonders
Reinstein und Hohnstein mit Lohra, Klettenberg und Walkenried, aber womöglich auch Anhalt, Wernigerode und Deren-
burg (!!) sollten ihm wiedererworben, die beiden Klöster
Walkenried und Michaelstein ihm wenigstens auf einige Zeit
einverleibt werden.

Man kann sich schwer vorstellen, dass sich die in solcher
Weise vor der Hand beruhigten Domherren in ihrem Pfründen-
besitze recht sicher gefühlt haben. In ihren folgenden Verhandlungen mit dem Hofe zu Wien tritt das Gefühl der Ent-
täuschung auch im betreff der übrigen kaiserlichen Versprechungen
deutlich hervor. Nach dem Erlass des Restitutionsediktes erhob
jedoch trotzdem der lutherische Teil des Kapitels gegen die
katholischen Kommissare, den Bischof von Osnabrück und
den Reichshofrat Johann v. Hyen, thatsächlich Einsprache und
berief sich ausdrücklich auf diese kaiserliche Zusicherung vom
18. Juni 1628. Allein die Kommissare belehrten die Ent-
täuschten nicht nur darüber, dass der kaiserliche Brief eine

solche Sicherstellung, welche sie in demselben finden wollten, nicht enthielt, sondern entsetzten sie auch ohne weiteres ihrer Ämter[1]) und geboten ihnen, ihre Höfe bis Ostern 1630 zu räumen und sich aller weiteren Eingriffe in die Stiftsverwaltung zu entschlagen. Und so hatten sich diese Domherren durch ihre Selbsterniedrigung nicht einmal die äusseren Vorteile, welche sie von ihr erwarteten, gesichert, sondern nur die schweren Vorwürfe, welche aus den geistlichen und den bürgerlichen protestantischen Kreisen gegen den ganzen Stand und seine Vertreter seit Jahren gerichtet waren, im Übermasse gerechtfertigt. —

Der Papst Urban VIII. war selbstverständlich von vornherein davon überzeugt, dass der Kampf des Kaisers gegen den König von Dänemark ein Kampf zur Ausbreitung des Katholizismus in Norddeutschland sei, und sprach Ferdinand II. seine Befriedigung über die eifrigen Bemühungen aus um die Zurückführung des Katholizismus in allen von dem dänischen Könige besetzten Gebieten.[2]) Aber der Papst wollte doch die Ausführung dieser sehr schwierigen Aufgabe hauptsächlich in die Hand seines Nuntius Caraffa gelegt wissen: dieser sollte mit dem Kaiser im Namen des Papstes die Entscheidung über das Ganze herbeiführen und hauptsächlich darüber Bestimmungen treffen, wer die Vorsteher der neu zu errichtenden Bistümer sein sollten.

Über diese letztere Frage machte sich aber der Kaiser bereits vor dem Erlass des Restitutionsedikts nach einer ganz anderen Richtung schlüssig. Er selbst nahm die Ernennung oder Wahl der Bischöfe in Anspruch und scheint dadurch Gelegenheit gesucht zu haben, auf seinen Sohn Leopold Wilhelm möglichst alle ehemaligen norddeutschen Bistümer zu übertragen. Diese seine Absicht, für die Besetzung der Bistümer

---

1) Die Entsetzung traf A. Spiegel, Joach. Joh. Georg v. d. Schulenburg, Heinrich Krage, Joh. Lev. v. Bennigsen, H. v. Steinberg, Joh. Georg Vitzthum v. Eckstädt, Fr. Ulr. v. Briezke, Jobst Ludolf v. Stedern. Lünig, Reichsarchiv Bd. 17 (Spicil. eccles. anderer Teil). Anhang S. 75 f.

2) Urban VIII. an den Kaiser, Rom 6. Februar 1627.

aus eigener Machtvollkommenheit Sorge zu tragen, welche auch Wallensteins Plänen vollständig entsprach, liess Ferdinand II. sehr frühzeitig durch seinen Gesandten Paolo Savelli dem päpstlichen Stuhle mitteilen, ohne hier natürlich Zustimmung zu finden. Urban VIII. überliess die Entscheidung einer Versamlung von Kardinälen und andern Prälaten, welche die Erklärung abgaben, dass sie gegen die deutschen Konkordate verstossen würden, wenn sie sich dem kaiserlichen Begehren fügen wollten.[1] Das päpstliche Widerstreben, dem österreichischen Hause eine solche Stärkung zu teil werden zu lassen, fand Unterstützung bei den deutschen Bischöfen. Als man in Wien noch vor dem Restitutionsedikt damit umging, ein hansisches Bistum zu errichten, erteilten die rheinischen Erzbischöfe aus Besorgnis für den Bestand ihrer Diözesen den Rat, diese Gründung nicht zu unternehmen.

Nun hat Ferdinand II. freilich auffällig spät auch die Bestätigung der Wahl seines Sohnes zum Bischof von Halberstadt, an welcher lutherische Domherren in so hervorragender Weise teilgenommen hatten, nachgesucht, aber auch in diesem Punkte zunächst eine ziemlich allgemein gehaltene Antwort davongetragen.[2]

Ja, ob Urban VIII. überhaupt die Beklemmungen überwunden hat, welche er bei dem Gedanken an die Bestätigung eines Bischofs empfinden mochte, dessen Wähler der Mehrzahl nach lutherische Domherren waren, steht dahin.[3]

Zum Administrator des Stiftes in weltlichen und geistlichen Angelegenheiten bestellte der Kaiser endlich den oft genannten mainzischen Rat Reinhard v. Metternich, dessen Einfluss in diesen mitteldeutschen Gebieten bald ein noch be-

---

1) Savelli an den Kaiser, Rom 29. Juli 1628. Wien. Romana.

2) Savelli meldete dem Kaiser, Rom 17. April 1629, dass er seinen darauf bezüglichen Auftrag erfüllt habe, mit dem Zusatze: in tutto riportai da S. Stà. buona intentione.

3) Der Papst soll jedoch wirklich bald darauf, noch vor dem 1. Juni 1629, dem Kaiser die Bistümer Halberstadt, Magdeburg und Bremen überlassen haben, wie Gregorovius, Urban VIII. S. 13, und nach ihm Tupetz, Der Streit um die geistlichen Güter und das Restitutionsedikt, a. a. O. 446 berichten.

deutungsvollerer werden sollte. Vom Papste hatte derselbe auch noch die Befugnisse und Einkünfte eines Schatzmeisters (Thesaurarius) am Hochstifte erhalten. Da nun Wambold von Umstadt auch als Kurfürst von Mainz die Stelle eines Dompropstes von Halberstadt vorläufig beibehielt, hatten der Kaiser und der Kurfürst von Mainz an dem Stift fast ein gleiches Interesse.

Gebauer-Schwetschke'sche Buchdruckerei in Halle (Saale).